图书信息存储与档案管理信息化

张　丽◎著

吉林出版集团股份有限公司
全国百佳图书出版单位

图书在版编目（CIP）数据

图书信息存储与档案管理信息化 / 张丽著. -- 长春: 吉林出版集团股份有限公司, 2022.4

ISBN 978-7-5731-1454-9

Ⅰ. ①图… Ⅱ. ①张… Ⅲ. ①图书馆—信息资源—资源建设②档案管理—信息化—研究 Ⅳ. ①G250.73 ②G270.7

中国版本图书馆CIP数据核字（2022）第054712号

图书信息存储与档案管理信息化

TUSHU XINXI CUNCHU YU DANG' AN GUANLI XINXIHUA

著　　者：张　丽
出 版 人：吴　强
责任编辑：马　刚
装帧设计：清　风
开　　本：710mm × 1000mm 1/16
印　　张：9.75
字　　数：100千字
版　　次：2022 年 4 月第 1 版
印　　次：2022 年 4 月第 1 次印刷
出　　版：吉林出版集团股份有限公司
发　　行：吉林音像出版社有限责任公司
地　　址：吉林省长春市净月区福祉大路5788号出版大厦A座
电　　话：0431-81629667
印　　刷：三河市嵩川印刷有限公司

ISBN 978-7-5731-1454-9　　　　定　价：38.00 元

前　言

随着档案管理理念的不断更新，以及现代化图书与档案管理手段和技术的广泛应用，图书与档案管理工作向着纵深发展，工作内容不断拓展，工作方法不断创新，工作制度更加完善，图书与档案管理教学也面临新的挑战，必须与时俱进，教授适应时代要求的知识与技能。我们编写本书的初衷，就是力图将理论与实践相结合，综合性地回答图书与档案管理工作中应解决的基本理论问题与实践问题，以提高图书与档案管理工作人员的整体素质，使图书与档案管理工作更加适应现代化发展的需要。

本书的特色主要体现在以下四个方面。一是体现双证教育理念。内容贴近图书与档案管理工作人员活动，贴近图书与档案管理工作，贴近图书与档案管理工作人员职业技能要求。二是编写结构新颖。为了适应职业教育改革的需要，达到教材改革的目的。本书的结构编排独具匠心，内容编排呈递进关系，构成图书与档案管理职业基础、专业技术技能和综合业务能力三个层面。三是编写形式生动活泼。全书文字简练、通俗，既有很好的阅读效果，又便于技能的掌握。

本书主要阐述图书信息存储、图书和档案管理工作的基本知识，公文的概念、特点及要求等，按照图书处理与档案管理的工作程序，详细介绍了图书信息存储、文件的整理与归档，以及纸质档案管理和新型载体档案管理等内容。将图书工作和档案管理工作紧密结合起来，力求按照现代图书和档案管理工作的实际，在阐述图书信息存储和档案管理工作基本理论的基础上，着重阐述单位档案和档案管理工作中的实际操作问题。

目　录

第一章　档案概述

第一节　档案的概念

档案是国家机构、社会组织或个人在社会活动中产生的，作为原始记录保存下来供人们查考的，利用文字、图表、照片、声像等方式记载的文件材料。它是具有清晰、确定的原始记录作用的固化信息。《中华人民共和国档案法》中将档案的概念描述为："档案是指过去和现在的国家机构、社会组织以及个人从事政治、军事、经济、科学、技术、文化、宗教等活动直接形成的对国家和社会有保存价值的各种文字、图表、声像等不同形式的历史记录。"据此应该明确档案的本质属性，即档案本质上是历史的原始记录。

一、我国档案的历史沿革

档案是人类社会发展到一定历史阶段的产物。文字的产生、社会分工及管理活动的出现是档案产生的基本条件。

（一）档案的起源与发展

我国档案的历史源远流长，留存下来的档案数量庞大，内容丰富，价值珍贵。经考古证实，我国现存最古老的档案是记录于距今4000年左右的殷商时期的甲骨档案。近代在河南安阳出土的甲骨残片，记载了王令、祭祀、巡游、征战、渔猎、天象、医药等方面的情况，保存了大量的商代社会资料。这些甲骨档案，当时大多被集中保存在宗庙所在地“天府”之内，由专门的人员进行管理。

除甲骨文外，保存下来的还有殷商和周代铸在青铜器上的作为记事和凭信的铭文，一般称为金文或钟鼎文，也具有档案的性质。其中，周代的金文档案内容相当广泛，涉及赏赐、册命、征伐、诉讼、契约等许多方面，从不同侧面反映了周代的阶级关系和社会制度的状况。秦汉以后，有些重要的记载和规定还刻在石头上。这些石刻中的档案与铭文档案，统称为金石档案。

另外，从商周起又出现了书写在竹简和木片上的“简牍”。如果记录简单的事情，字数不多，写在单片竹简和木片上即可；如果事情重大，要写很多字，则把竹简或木片连编起来汇集成册。同时产生的还有帛书，即写在丝织品（缣帛）上的文字。相比金石档案而言，“简牍”和帛书档案更轻便，更便于保管和传递。

汉代发明造纸术以后，档案的书写材料逐渐被纸张代替，这是人类文明史上的重大变革。纸张的应用，极大地便利了档案的书写、处理和保管等工作，但是，简牍、缣帛、纸张并用经历了相当长的时间，才被纸抄本代替。又因多在几案上办理公文，所以汉代以后公文和档案又有“图书”“文牍”“文案”“案牍”等称谓。

随着生产的发展和技术的进步，近现代又出现了以胶片、磁带、计算机硬盘、光盘、移动存储等为载体的新型档案。与古代传统档案相比，它们的科技含量更高，承载的信息量更大，具有传统档案无可比拟的优势。

（二）“档案”一词的由来

“档案”一词，据现有的可靠资料分析，首次出现在清初的官府图书《清太宗皇帝实录》（公元1638年）中。原文为：“初，户部承政韩大勋为其家人李登法司首告盗取库内金银、珍珠等物，搜获黄金七两、银十五两五钱、珍珠七两九钱。又讯，大勋据供，从刑部赍金二十七两。我与布丹、赫世密三人同谋盗取是实等语……坐此议：众人同谋盗金，故不记档案，俱应论死……赫世密系值日官，他物皆记档案，独金数未经登记，姑免死，革职，解部任，鞭一百，贯耳。阿尔拜系值月笔帖式，他物皆记档案，独金数未经登记，姑免死，解部任，鞭一百，贯耳鼻。”这里的“档案”是指仓库财务的登记簿。大约成书于康熙四十六年（1707年）的杨宾的《柳边纪略》中说：“边外文字，多书于木，往来传递者曰牌子，以削木若牌故也。存储年久者曰档案，曰档子，以积累多贯皮条挂壁若档故也。然今文字之书于纸者，亦呼为牌子、档子矣。”这是迄今所见对“档案”这一名词的最早说明。据《东华录》记载，在清入关以后，明令“各衙门奏事俱缮本章，不许复用木签”，改用纸张等书写。但习惯上仍将保存起来的图书称作“档子”“档案”。

从语义学方面来说，“档”，《康熙字典》解为“横木框档”，就是木架框格的意思；“案”，《说文解字》释为“几属”，就是像小桌子一类的东西。由此引申，又把处理一桩事件的有关图书叫作一案，并通称收存的官图书为“案”或称“卷案”“案卷”。“档”字和“案”字连用，就是存入档架收贮起来的图书案卷，而且把放置档案的架子称为档架，把一格称为一档。这些叫法一直沿用到现在，如今我们所称的档案，依然有其形象和内在的意义。

从我国档案的起源和发展可以看出，我国的档案文化历史悠久，内容广泛。档案反映了历史的原始面貌和社会的进步发展，是联系过去、现在与未来的桥梁。

二、档案的形成

（一）档案的形成者

档案形成者的类型非常广泛。党政机关、社会团体、企事业单位以及任何个人都能成为档案的形成者。从法律的意义上来说，档案是法人和自然人在自身活动中形成的，能证明其法律或事务活动的各种文件材料。就形成者的来源而言，既包括法人，也包括自然人。所谓“法人”，即依法成立并能以自己的名义行使权利和承担义务的各种组织。它包括：各级党政机关，各种工商业、金融保险业、房地产业、信息产业、服务业的公司，各类教育、科研、卫生、文艺、体育、社会福利机构，还有学会、协会、商会等社会团体。档案在这些单位内是按照职责分工有规律地形成的。例如，某个单位履行其职能，在完成一系列工作任务的过程中产生了大量文件，其中有价值的文件就转化为档案。所谓“自然人”，即依法享有权利并承担义务的个人，包括家庭、家族等。在这个范围内，档案是以个人、家庭和家族为单位形成的。例如，某个著名人物，在他（她）一生的活动中，形成许多日记、信函和实物，作为有价值的部分保存下来的就是档案。

（二）档案的形成过程

档案是单位或个人在现实工作活动中形成和使用的各种文件的转化物。档案中记录了大量的事件，内容极其丰富，而一定内容的档案相互间又具有密切的联系。个人、家庭或家族的档案形成过程相对简单一些，而单位档案的形成过程相对复杂一些，在这里我们主要描述和分析单位档案的形成过程。

1. 选择处理完毕的文件形成档案。“今天”的档案就是昨天的文件，“今天”的文件将是“明天”的档案。档案是从文件转化而来的，档案与文件是同一事物的不同发展阶段。文件是单位开展各项工作的办事工具和沟通媒介，具有现行的效用；档案一般是完成了现行任务而留待日后备考的原始文件。所以，只有当文件处理完毕以后，不需要在单位的现行工作中运行了，才可以作为档案予以保存。因此，也可以说，文件是档案的前身，档案是文件的归宿。

另外，文件的“处理完毕”是指对其完成了图书处理程序。其中一部分文件如法规类文件、政策性文件和契约性文件等在完成了图书处理程序之后，虽已存档，但仍然具有法律上和行政上的效用，可作为现实工作的依据。另一部分文件则因丧失了现行效用而存档，成为历史文件以备日后查考。

2. 保存具有一定查考利用价值的文件形成档案。在现实工作活动中产生和使用的所有文件对人们今后的活动未必都具有查考利用价值，其中一部分文件随着现行工作任务的结束，便因失去了自身的利用价值而被淘汰，而另一部分文件则因其仍具有查考价值而被作为档案保留下来。因此，可以说，档案是经过人们鉴别挑选而留存下来的文件。文件是档案的基础，档案是文件的精华。在文件向档案转化的过程中，对文件的把握和选择是影响档案质量的关键因素之一。“有文必档”会导致管理资源的浪费；而忽视积累档案则可能造成无可挽回的历史性损失。

3．按照一定的程序和规律集中保存文件形成档案。文件是在单位完成各项工作任务的过程中逐渐生成的，它的状态是分散的。只有经过对其中具有保存价值的文件进行挑选和集中，按照一定的特点和规律进行系统整理，并移交给档案部门才最后成为档案。一般的档案，都是由文件经过分类、立卷归档程序转为案卷保存起来的。因此可以说，档案是由各种文件有条件地转化而来的。文件是档案的因素，档案是文件的组合。

档案虽然是由文件转化而来的，但是文件不能自动地成为档案，其间必须经过有关人员开展鉴定和立卷归档工作，才能使具有保存价值的文件最终转化为档案。因此，归档既是文件向档案转化的程序和条件，又是文件转化为档案的一般标志和界限。

另外，在实际工作中，各单位使用的文件都是定稿、正本、试行本、修订本等经过正式程序制发的有效文本。将文件转化为档案时，要选择和保留它们的原稿、原本，一般不留存副本。

从档案形成的过程来看，档案与文件之间有着天然的密切联系，也有着明显的区别。档案是处理完毕的、有参考价值的、集中系统地保存起来的文件。了解档案与文件的联系和区别，熟悉档案的形成过程和条件，是科学开展档案工作的前提与基础。

（三）档案的形式

不同的组织和个人，在工作生活的不同时期，出于不同的需要，形成的文件不尽相同，因而档案的形式也是多种多样的。

1. 档案的载体。档案的载体是指载录档案信息的物质材料，它随着社会生产的发展而发展和演变。我国古代使用过的档案载体材料有甲骨、青铜、石材、竹简木片、缣帛、纸张，近代又出现了科技含量高、体积小、携带方便的胶片、磁带、磁盘、光盘、移动存储等。

2. 档案信息的表达和记录方式。档案信息的表达方式包括文字、图示、图像、声音等类型。例如，行政文件多采用文字的表达方式，产品设计文件多采用图示或图像的表达方式等。

档案信息的记录方式是指档案信息与档案载体结合的手段，包括刻铸、手写、印刷、晒制、摄影、录音、录像、录入、刻录等方式。

3. 档案的名称。档案的用途不同，名称也各不相同。各单位的行政管理文件有章程、条例、命令、决定、意见、请示、报告、通知、通报、公告、计划、总结等；在生产活动中有设计方案、生产图纸等；在经济活动中有市场分析报告、市场预测报告、产品营销策划书、广告文案、报表、账簿、合同等。

三、档案的属性

（一）原始记录性

档案是原始的记录，这是档案的本质属性，也是档案区别于其他信息的主要特征。原始记录性作为档案本质属性的根本原因在于：档案是其形成者在工作活动中形成和使用的原始记录的转化物。首先，档案是原生或首次生成的信息，不是事后编写或制作的再生信息，因而具有原始性的特点；其次，档案的内容直接记载着其形成者工作活动的情况，可以客观地再现当时的情形，因而具有记录性的特点。原始性与记录性的有机结合就构成了档案的独一无二的本质特征。

原始记录性是档案具有可靠的凭证作用的原因所在。因此，保持档案的原始记录性就成为档案管理与利用工作中的一项神圣职责。无论在何时何地，都不允许任何人改变档案的原始信息内容记录的状态，否则就会使档案失真，从而造成历史事实的扭曲。在我国，档案的原始记录性受到国家法律的保护。《中华人民共和国档案法》规定，对于损毁、涂改、伪造档案等行为，根据情节轻重，给予行政处分，甚至依法追究刑事责任。因此，各单位的工作人员以及每个公民必须依法保护档案的原始面貌，维护历史真实性的源头。

（二）社会性

档案是人们在社会实践中形成的，记录了社会实践活动的内容、过程及结论，是人类研究、开发、利用自然的社会实践活动的产物。同时，档案的形成与积累是人们出于服务社会的目的有意识地挑选和留存的结果，与自然界自然形成的原始记录物不同；如动物的化石、树的年轮等，它们记录的是自然界的自然现象及其演变过程，是自然形成的原始记录。

（三）历史性

档案是对以往社会实践的原始记录，是一种历史文化遗产。它可以把过去带到现在和未来，也就是所谓“让过去告诉现在”“让历史告诉未来”，使历史原貌重现，为今天和未来提供依据性、凭证性的信息。

（四）确定性

文件一经封档转化为档案，信息内容便被清晰确定地保存下来，而且信息内容记录在固化的物质载体上面，可以最大限度地保证内容的确定性和真实性。

四、档案与相关事物的关系

档案在社会现实中不仅实存形式广泛多样，而且与许多事物关系复杂，往往使人们难以分辨，甚至将它们混为一谈。因此，在理解档案本质及概念的基础上，非常有必要弄清它们之间的联系与区别。现实中，与档案关系较近且不易分清的事物主要有信息、文献、图书（文件）、文物等。

（一）档案与信息

信息就是对客观事物的反映，从本质上看，信息是对社会、自然界的事物的特征、现象、本质及规律的描述。档案（主要是档案的内容）是一种信息。档案与信息是种概念与属概念的关系：档案是信息的一种，是信息家族中的一个重要成员。

档案在信息家族中的角色和地位，是由档案的本质特性即档案在社会生活中的根本价值和作用决定的，同时也是在档案与其他信息的区别中表现出来的。

档案是一种最真实、最可靠、最具权威性与凭证性的原生性固化信息，从根本上体现着信息的确定性与可靠性。信息的确定性与可靠性是信息的根基所在，没有确定性、可靠性或确定性、可靠性程度差的信息没有什么价值，甚至会给人类社会造成负面效应乃至灾难。所谓“错误的信息、混乱的信息、不可靠的信息还不如没有信息”说的正是这一道理。人类社会对信息的依赖、需求程度越高，对信息的确定性与可靠性的要求程度也就越高。但现实表明，信息在这一问题上的前景并不乐观。因此，档案的信息使命任重而道远。这也是人们重视档案且越发达、文明程度越高的国家越重视档案的重要原因之一。所以，从信息理论的角度而言，档案是一种最重要的信息，是信息之根本——确定性与可靠性的最高体现形式和实存形态。

（二）档案与文献

档案与文献的关系较为紧密、复杂。文献一般是指前人留下来的历史文化价值较高、内容较系统完整的信息记录。其实存形态有图书、文章、著作、日记、信函、笔记、照片、音像制品等。档案与文献的区别在于：一是本质即核心含义不同。档案是社会实践的原始记录，是第一手的原生信息；文献则不一定是原始记录，非原始记录性的信息记录也可以成为文献。二是文献注重历史文化价值；档案则既注重历史文化价值，又注重现实性的查考和实用价值。三是文献内容一般较为系统、完整；而档案则包括大量的片段性零星记录在内，如测试记录、发票、账单记表单、签名等。

（三）档案与图书

档案与图书之间的联系主要是实存形态上的直接转化关系。图书尤其是其定稿应具有较强的原始记录性，所以可直接转化为档案，成为档案的实存形态之一，且在档案家族中占据主导地位。但二者之间的区别也很明显：第一，档案的实存形态绝不仅仅是过去的图书，还包括大量非图书类的原始性记录物。过去的图书也并非都能转化为档案，只有原始记录性强、查考价值高且图书处理程序完备的一部分图书才能转化为档案，大部分的图书并不能转化为档案。第二，图书虽有原始记录性，但原始记录性并非图书的本质所在，也不是人们制作使用图书的根本目的与追求。图书本质上是人们处理、解决现时性具体事务、问题的信息传递工具。它主要在空间上传播交流且具有相当程度的强制性（如公务图书）。而档案的本质则是已往社会实践的原始记录物，主要是在时间上传递，让过去告诉现在，让现在告诉未来，是人们追求、维系时间上的连续性、统一性的产物。

（四）档案与文物

文物是与档案在内涵上最为接近的概念（事物），但它们的区别也较为明显。文物是有文化价值的历史遗留物，其形态主要是过去人们直接使用的实用性物品，如器具、衣服、建筑物等，当然也包括重要的历史文件。这些有历史文化价值的东西必然会有相当程度的原始记录作用。档案，尤其是重要的档案，因其既有原始记录作用，又有突出的历史文化作用，可看作文物，并作为文物被收藏。但绝大部分文物却不能成为档案。因为文物大部分是实用性物品，其所记录的历史事实的内容信息是不清晰、不明确的；而档案则是指内容信息清晰、确定，可明确说明某一历史事实的原始记录，其主导性实存形态目前仍是图书。所以，内容信息的清晰性和确定性与否是文物与档案之间的根本区别。

第二节　档案的作用

档案在人们的社会实践活动中产生积极影响，具有独特的、其他事物不可替代的作用。

一、档案的基本作用

档案的作用是多方面的，但概括起来有两个基本作用：一是凭证作用；二是参考作用。

（一）档案是历史的真凭实证

档案的凭证作用是由档案的形成及其本身的特点决定的。从其产生来看，档案是由在工作活动中客观形成的文件转化而来的，它记录了形成者的思想和行动；从其形式上看，档案保留着历史标记，如有的是当事人的亲笔手稿、亲笔签署，有的是单位、个人的印信，还有的是原来形象的拍照和原声录音。所以，档案是确凿的原始材料和历史见证，是反映历史活动的真实记录，它可以成为查考、争辩、研究和处理问题的依据。

（二）档案是第一手的原始参考材料

档案不仅记录了历史活动的事实经过，而且记录了人们在各项活动中的思想发展和社会实践中的经验教训，以及科学研究和文化艺术的创造成果。因此，它对于人们查考既往情况，掌握历史材料，研究有关事物的发展规律，以及总结经验、吸取教训，都具有重要的参考作用。

由此可见，档案的参考价值在于其具有自己的优势，它是事实、知识和经验的原始记录，来源可靠，是不可或缺的参考依据；档案的内容涉及面极为广泛，是丰富的智力资源。如果在工作中能够及时恰当地利用档案，就能够大大地节约时间和资金，提高效益。

二、档案的一般作用

档案是人类文明的伴生物，真实记录了人类社会实践和文明的进程，富有大量原始的信息资料。因此，它具有独特的、其他事物无可替代的社会作用和社会价值。它发挥作用的领域也相当广泛。正确地认识档案的作用和价值，对于科学有效地管理档案和充分发挥档案的社会效益和经济效益具有重大的意义。具体来说，档案的作用体现在以下几个方面。

（一）档案作为工作查考的根据，为现实工作服务

档案是各级各类机构、社会组织、企业行使职能、从事管理活动的真实记录，这些记录对于该机构、社会组织及企业人员保持政策、体制、工作方法的连续性、有效性以及决策的科学性，具有不可替代的凭证和参考作用。

在日常的管理工作中，无论是制定制度还是处理具体的事情，都应该有理有据，而这个“据”就是既定政策和事物的本来面貌，它在很大程度上来自档案。工作人员在熟悉情况、总结经验、制订计划、研究案例、处理问题时，常常需要从档案中查考先前的记载，从中得到依据和重要的参考信息，

保证工作的顺利进行。在工作的决策和管理活动中，通过对档案的利用和分析，有助于对现实工作和未来发展作出准确的判断，实现对人、财、物、信息等资源的有效管理，从而达到优化资源配置的目的。因此，档案已成为各类机构、组织、企业工作中不可缺少的工具。充分发挥档案的作用有助于实现计划和决策的科学化，有利于提高工作效率和管理水平。

（二）档案为工农业生产和各项建设事业提供计划和管理的科学依据

档案涉及生产经营、金融贸易、工程设计、教育卫生、文学艺术等诸多方面，记录了农业生产和各项建设事业的有关情况、成果、经验和教训，反映了各行各业的真实状况，是前人劳动智慧的结晶，为各行各业的发展提供了有力的信息支撑和保障。例如，会计档案是编制国家和地方预算、编制单位预算和财务收支计划的重要依据，是各项经济查证的可靠的书面证明；诉讼档案是各类案件审结和再审、复审的可靠凭证；商标档案是确定商标专用权，开展商标评审工作，监督产品质量，查处商标侵权行为，以及进行商标咨询工作的基本依据。

在工农业生产和各项建设事业中形成的档案不仅为人们提供计划和管理的科学依据，有时还可以产生明显的社会效益和经济效益。中国第一历史档案馆所藏明清时期的水文档案为建设长江三峡水利枢纽工程和治理黄河、海河提供了重要的依据和参考。

（三）档案为历史研究、理论研究和科学技术研究提供第一手资料，为科学研究事业服务

无论是自然科学的研究还是社会科学、思维科学的研究，都必须详尽地占有资料。档案可以从两个方面为科学研究提供丰富的资料：一方面，提供专门进行科学研究的原始记录，可供现实的研究工作直接借鉴；另一方面，从记录的广泛事实和经验中，为各项研究活动提供大量的实验、观察和理论概括的基础材料。例如，马克思在撰写《资本论》的过程中，曾大量收集、研究和利用各种文件中有关工人劳动、童工、工资、生活、居住条件等原始档案材料。我国在水利、气象、地震等方面取得的一些科研成果，就是利用了近300年来大量有关档案材料经过分析研究取得的成果。从事史学研究，更需要以历史档案为第一手材料，这样才能准确地阐明历史事件，科学地总结历史发展规律。

（四）档案可以提供法律证据，维护国家、集体、个人的合法权益

档案在解决争端、处理案件等活动中可以发挥法律证据作用。法律证据作用是档案凭证价值的集中体现。从档案的形成来看，它是当时、当地、当事人在业务活动中形成的原始记录，真实性、可靠性强，是令人信服的真凭实据。

一方面，在政治斗争、军事斗争、经济斗争、外交斗争以及解决领土争端等方面，档案的法律作用表现得十分突出。为此，各国政府都把档案作为一种斗争的武器。在我国大量的档案中，记载着国内外不同时期和各个方面的活动，以及我国人民进行革命斗争的情况和有关的历史事实。

另一方面，档案在维护国家、集体、个人合法权益方面的法律作用也十分突出。因为在档案中有关立法性质的文件规定了各种社会关系、国家关系、经济关系和政治关系的组成；社会团体、个人之间交往中形成的契约、合同、协议、单据等文件，记载了各方承担的政治、经济、劳务等方面的权利和义务。当在这些问题上产生疑问或发生争执和纠纷时，档案最

能够说明权益的归属，具有无可辩驳的证据作用。在我们的日常生活中，档案作为法律凭证维护正当合法权益的例子也不胜枚举。例如，档案在解决房地产纠纷，证实个人学历、经历等方面都发挥了很大的作用。

（五）档案是宣传教育的生动素材

档案是一种重要的教育资源，它以第一手的原始材料，翔实地记录了人们创造历史的曲折历程和奋斗足迹，形象生动地反映了社会生活的方方面面，其真实性不容置疑，因而具有不可抗拒的说服力和感染力，如果能够得到有效的开发，就能在发展民族心理的过程中，在促进人们了解自身发展及其与外部世界的联系方面，发挥不可估量的作用。档案的教育作用可以通过多种形式表现出来，如通过举办展览的方式来发挥作用。尤其对于我国的社会主义精神文明建设而言，各级国家档案馆完全可以利用自身的馆藏，通过举办各种类型的展览，成为爱国主义（或青少年）教育基地。

三、档案发挥作用的规律性

档案的作用发挥是客观存在的，并且表现出一定的规律性。研究和掌握其中的规律，有助于科学地组织管理档案工作，方便业务处理。

（一）档案作用范围递增

档案对其形成单位和社会的作用具有双重性和过渡性。在档案形成以后相当长的时期内，本单位为解决现实工作问题，需要较为频繁地查阅和利用档案。这时，档案发挥作用的主要对象是本单位，档案的利用者主要限于档案形成单位内。档案对形成单位的作用，是促使形成单位积累档案的动力。档案对其形成单位的作用发挥得越充分，形成单位积累档案的积极性就越高。随着时间的推移，档案的现行效用逐渐淡化以至完结，形成时间较早的档案的现实利用需求逐渐减少，利用率逐渐降低甚至消失。这时，档案应该从本单位向社会过渡，转移至国家设立的各级各类档案馆和相关的管理部门，利用者的范围便从档案形成单位扩展至全社会，而档案可以继续发挥其作用。

（二）档案作用方向转移

文件转化为档案以后，不仅从主要发挥现行效用转变为主要发挥历史查考作用，而且发挥作用的方向也会发生一些变化。原始文件的形成往往是出于行政或业务的单一目的或用途。例如，一个房地产契据是出于买卖成交的需要形成的；一套基建技术图纸的设计是出于工程的需要形成的。但当它们成为档案后，发挥作用的方向则可能超越其档案形成者的预想，其目的和用途可以扩展到其他的领域。例如，房地产契据、账册、员工名册可以作为研究社会或经济问题的资料；基建技术图纸有可能作为边界谈判时维护国家领土完整的证据。

（三）档案机密程度递减

档案是历史的产物，是在人类实践活动中产生的，人们的某些活动会涉及国家组织、个人的利益和安全。为了维护国家、集体和个人的利益，对具有机密性的档案需要采取保密措施，一般可分为绝密、机密、秘密等不同等级。档案作用和价值的实现被限制在可以接触这些档案的利用者范围内。在这方面我们应该按照国家的有关规定执行。

同时，我们应该看到，档案的机密性不是一成不变的，随着时间的推移和条件的变化也会发生变化。除了有些涉及国家政治、军事机密和科学秘密的档案仍须保密以外，其他一些档案就可公之于众了。一般来说，档案机密性的逐渐弱化是一个总的趋势，表现为档案机密性的强弱与档案保管时间成反比。档案管理者应该善于利用档案机密程度递减的规律，依法逐渐扩大档案的开放范围，使档案的价值得到更广泛的实现。

（四）档案作用的发挥取决于一定的条件

档案的作用是客观存在的，但它是潜在的，不会自发地发挥出来。档案的作用——社会效益和经济效益发挥得如何，取决于一定的条件。

1．社会环境。社会环境包括社会制度、国家的法制情况和方针政策、社会的经济发展水平等，它们都直接地影响着档案作用发挥的程度、方向等。良好的社会环境能够使档案的作用得到充分的发挥。当前，在党的正确方针和路线的指引下，档案管理工作已走上正常发展的轨道，档案作用也得到了较好的发挥。

2．社会的档案意识。档案意识是指人们对档案的认知水平和认识程度，表现为人们对档案的需求程度和档案工作者能满足需求的程度。人们的档案意识越强，档案利用的需求越高，档案作用发挥得就越好，产生的社会效益、经济效益就越高；如果人们的档案意识淡薄甚至没有档案意识，即使有利用档案的需求也难以转换为利用档案的现实行为。同时，档案管理部门服务意识越强，档案的作用也就发挥得越充分。我们要加强档案的宣传工作，增加档案工作的透明度，通过各种形式提高人们对档案工作的认识。

3．档案的管理水平。要使档案更好地发挥作用，必须采用科学、现代化的管理方法，使档案在提供利用上保持良好的服务状态，提高档案的利用率。相反，如果档案管理不善，查询手段落后，需要时无从查找，服务质量低下，合理的拒用率很高，就会严重影响档案作用的发挥。因此，深入开发档案信息资源，提高档案科学管理水平，加速实现档案管理的现代化，提供优质高效的档案利用服务，是今后档案工作的重要任务。

第三节　档案的种类

为了较全面地认识档案，人们往往同时从多种角度、采用多种不同的方法对档案进行种类划分。不同分法的种类概念均反映档案某一方面的属性或特征，用于解决某一方面的问题。目前，大致形成了以下几种档案种类的划分方法。

一、按照所有权划分

根据国家档案局1992年10月发布的行业标准《档案工作基本术语》，国家的档案按照所有权分为公共档案和私人档案两类。公共档案是指国家机构或其他公共组织在公务活动中形成的为社会所有的档案。私人档案是指私人或私人组织在社会活动中形成的为私人所有的档案。

二、按照档案工作中通行的方法划分

在档案管理的实践中，档案工作者将档案划分为图书档案、科技档案和专门档案。

图书档案是指反映党务、行政管理等活动的档案。即在党务和行政管理活动中由各种行政性或政治性公文转化而成的档案，如请示、批复、决定、决议，法规、法律等。

科技档案是指反映科学技术研究、生产、基本建设等活动的档案。即人们在科技、生产活动中形成的由纯业务性的科技文件材料转化而成的档案，如图纸、设计任务书、科研报告等。科技档案的内容与图书档案明显不同，它不是人类自我管理活动的记录，而是人类面对自然进行科学研究和物质生产活动的记录。科技生产活动自近现代以来获得了充分的、突飞猛进的发展，且对人类社会的重要性也日益深刻而明显。因此，科技档案对于促进人类社会的发展越来越重要。

专门档案是指反映专门领域活动的档案，如会计档案、人事档案、诉讼档案、医院的病历档案、婚姻登记和工商注册登记档案等。这些档案虽也有明显的行政管理性质，但与主要由官方正式文件转化而成的图书档案相比，毕竟有所不同。它具有极强的自我独立性和规律性。

三、按照历史时期划分

我国档案行政管理机关从行政管理角度，将归国家所有的全部档案

（国家全宗档案）按照不同的时期划分成三种类型，即中华人民共和国成立后的档案、革命历史档案和旧政权档案。中华人民共和国成立后的档案又称中华人民共和国时期档案，是指1949年10月1日中华人民共和国成立之后，在中国形成的归国家所有的档案；革命历史档案又称革命政权档案，是指1949年10月1日中华人民共和国成立之前，由中国共产党及其所领导的军队、政权、企事业单位、社团等社会组织及个人所形成的归国家所有的档案；旧政权档案是指1949年10月1日中华人民共和国成立之前，除了革命历史档案之外的所有归国家所有的档案。这种划分方法是为了便于国家从行政管理的角度对全国归国家所有的全部档案进行宏观控制与管理，为制定规划、政策，进行统计、分析提供概念框架与依据。在国家档案统计中，一般将其简化为“建”“革”“旧”三个字头。“建”字头的档案还在源源不断地产生，而“革”字头和“旧”字头的档案则是不会再产生的档案种类，因此对其应格外重视并保护、收藏好。

总之，根据人们对档案现象不同的认识角度，对于档案的种类划分除上述三种方法外，还有其他分法和种类概念。不同的档案种类概念反映了档案的某种特性与表征，映射出现实中所存在的某个值得人们重视的问题。例如，按照档案载体的不同可分为传统载体（如缣帛、纸张等）档案和新型载体（如胶片、磁带、计算机硬盘、光盘、移动存储等）档案等。后者因其载体和信息管理技术的先进性得到越来越广泛的重视和应用。

随着社会生活和档案以及档案管理活动的发展变化，档案还会有新的种类概念出现。同时，已有的种类概念中有些可能会淡出人们的视野，退出历史的舞台。

第二章　图书资料与档案信息存储

档案工作具有科学性，有独特的工作环节。做档案工作，不仅要保管好档案，而且要做好各项档案相关业务工作。作为档案室的工作人员，应该全面掌握档案管理理论和档案工作内容，具备档案工作基本技能，明确档案室的工作任务，履行档案人员的职责，对业务部门的归档工作进行指导和检查。档案机构不同，其地位和职责不同，档案人员应根据职责要求主动完成各项档案工作任务。

第一节　档案工作的内容

档案工作是适应社会活动的需要而产生、存在和发展的，是维护历史真实面貌、功在当代、利在千秋的重要事业，对充分发挥档案的功能，促进经济社会发展具有重要意义。

一、档案工作的含义

档案工作是用科学的原则和方法管理档案，为党和国家各项工作服务的工作。从狭义上说，它是指档案业务工作所包括的档案的收集、整理、鉴定、保管、统计、检索、编研和提供利用等工作。从广义上说，它是指档案事业所包括的档案馆工作、档案室工作、档案行政管理工作、档案教育、档案科学研究、档案的宣传及出版等工作。

档案工作的基本任务包括：坚持集中统一管理档案的原则；建立国家档案工作制度；科学管理档案，大力开发档案信息资源；逐步实现档案管理的现代化；使档案工作更好地为经济社会全面协调可持续发展服务，为建设社会主义物质文明和精神文明服务。

二、档案业务工作

档案业务工作是档案馆（室）在遵循档案工作原则的基础上，具体管理档案实体和档案信息，满足利用需求的工作。

（一）档案收集

档案收集是指通过一定的制度和手段，将分散在档案形成部门和个人手中的、有保存价值的档案集中到档案机构统一保管，以备今后查考和利用。档案收集是档案管理工作的起始环节，是档案馆、档案室档案业务工作的起点。同时档案收集是储存档案信息资源的重要途径，是实现档案集中统一管理的基本手段，是档案管理中其他业务环节的基础，是决定档案存在和发展的前提条件。

（二）档案整理

档案数量很多，成分繁杂，有的甚至是零乱的，需要建立一定的档案管理秩序，使档案排列有序化、条理化，这就形成了档案的整理工作。档案整理是档案工作中的基础性工作，是科学管理档案和开发利用档案的必要手段和前提，是确保整个档案管理工作规范有序的重要基础。

（三）档案鉴定

档案鉴定是对档案价值的鉴别与判定，在鉴定过程中去粗取精，去伪存真，使档案馆（室）的库藏由庞杂趋向精练。档案鉴定的基本任务是制定档案价值判定标准，鉴定文件材料的保存价值和保存时间，剔除库藏中已经失去保存价值的档案，组织档案销毁。

档案鉴定关系到档案的命运、库藏档案的优化以及档案作用的发挥，关系到档案工作的质量与效益；要在遵循文件的规律、保持文件之间有机联系的原则下，科学判定档案价值。档案人员在档案鉴定过程中要把握好“度”，既不能“有文必档”，玉石不分，造成档案信息资源的无谓膨胀，占用大量的人力、物力资源，导致档案工作效率低下；也不能把关过严，把一些必须保存的档案销毁或误划保管期限，以致未能齐全、完整地归档，给工作带来损失。

（四）档案保管

档案保管是根据档案的成分和状况，通过日常性工作，采取存放和安全保护措施，最大限度地防止和减少档案的损毁，延长档案的寿命，维护档案的安全。档案保管工作包括：档案库房管理，即库房内档案科学管理的日常工作；档案流动中的保护，即档案在各个流动环节中的安全防护；档案保管的专门措施，即为延长档案的寿命而采取的复制和修补等各种专门的技术处理方法。

档案保管是贯彻档案工作基本原则、维护档案的完整与安全的重要环节。档案保管工作质量的高低，对提高档案管理水平具有重大影响。为了解决档案自然寿命的有限性与社会利用需要长远性之间的矛盾，档案保管工作要做到：以防为主，防治结合；相互协调，密切配合；加强重点，照顾一般；立足长远，保证当前。

（五）档案统计

档案统计是以表册、数字的形式，揭示档案和档案工作的发展过程、现状及一般规律的工作。它在对档案及档案管理各个方面情况进行记录和量化描述的基础上，分析研究档案及档案管理的状态、趋势及规律，为整个档案管理工作提供真实、可靠的原始数据和基本事实，增强档案工作决策的科学性，提高档案管理水平。

（六）档案检索

档案检索是围绕档案信息的查找、存取而开展的一系列工作。档案检索工作应用科学的手段，对档案信息进行加工处理，编制功能齐全的检索工具，通过多种途径和形式揭示档案的内容与成分，帮助利用者运用检索工具快速获取所需档案信息，解决档案数量庞大与利用者特定需求之间的矛盾。

（七）档案编研

档案编研是根据社会利用的需要，充分有效地挖掘档案信息的潜在价值，对利用价值高的档案内容进行研究、选择、编辑、出版，主动提供给有关部门和社会公众，促进档案信息资源的开发与利用。档案编研工作的内容是编纂公布档案史料、汇编现行单位档案文集、编写档案参考资料、参加历史研究和编史修志以及撰写专门著作。

（八）档案利用

档案利用工作是通过一定的方式和方法，将档案提供给利用者，最大限度地满足社会各方面对档案的利用需求。档案的作用体现在档案利用工作的过程中。档案利用工作是档案业务的中心环节，是档案工作目的的直接体现，是档案事业为社会主义现代化建设服务的基本措施，是带动整个档案工作发展的关键。

档案业务工作中的收集、整理、鉴定、保管、统计、检索、编研与利用等各个环节之间，既互相联系又互相制约，相辅相成，组成一个完整的工作过程。档案业务工作的各个环节实际上可以划分为两个基本组成部分：一是档案基础工作，为档案利用创造条件；二是使档案提供利用工作，反映档案基础工作的成果，对基础工作提出新的要求。

三、档案事业工作

（一）档案馆（室）工作

档案馆是科学研究和各方面工作利用档案史料的中心；档案室是整个机关的组成部分，是属于单位管理和研究咨询性质的专业机构。档案馆（室）工作的主要内容是：依据国家有关法律法规制定本行业、本单位相关制度规范；在统一领导、分级管理的原则下，对所属行业、单位的档案工作进行监督、检查和指导；统筹规划、组织协调档案事务，保证档案工作顺利开展和不断发展。

（二）档案行政管理

档案行政管理是以国家各项建设事业的需要为目标，对全国以及地方档案工作进行统筹规划、组织协调、统一制度、监督指导的活动。

档案行政管理工作的主要内容是：以档案行政部门为组织协调中心，培训和提高档案工作人员的行政能力和水平，依法行政，通过调查研究和加强管理，完成规划制定、统一制度、行政监督、组织协调、业务指导和咨询服务的任务，提高档案行政效率，促进档案事业整体水平的提高。

（三）档案教育

档案教育是档案人才队伍建设的重要内容，是提高档案工作人员整体素质的需要，有利于档案人员树立终身学习的理念，有利于各级档案部门推动学习型和研究型部门的建设，促进档案工作跟上时代前进的步伐。

随着我国各项事业的蓬勃发展，档案事业面临前所未有的机遇与挑战。档案资源建设触角的不断延伸，档案资源保护和提供利用技术的不断进步以及档案数字化建设的不断推进，对档案工作人员素质提出了新的要求。只有高度重视档案教育，充分发挥档案教育灵活性、开放性、适应性和针对性的优势，加大培训力度，促进档案教育质量的提高，才能适应科技、经济、社会协调发展的需要，推动档案事业发展，提高档案工作人员素质，培养高素质的档案人才，使档案工作人员的知识和技能不断得到更新、补充、拓展和提高，完善知识结构，提高业务能力和专业技术水平，实现档案队伍整体素质与档案事业全面可持续发展相适应。

我国建立了较为完善的档案人才培养体系，许多大中专院校设立了档案专业，各级各类档案机构经常举办档案培训和讲座，档案继续教育得到高度重视。

我国档案事业的发展需要高、中、初级的档案专业人才有一个合理的比例。国家、地区或专业系统档案人才的结构是否合理，直接关系到人才的使用效益。因此，档案教育必须根据一定时期国家、地区或专业系统的档案人才需求状况，合理确定档案高等、中等及在职教育的发展比例。

（四）档案宣传

档案宣传是向人们传播档案、档案工作的有关信息和思想，从而影响人们行为的过程。具体而言，就是向广大档案工作者宣传党和国家有关档案工作的法规政策，对其进行思想教育；向社会大众宣传档案和档案工作，以增强社会大众档案意识的一种舆论引导和舆论监督性质的工作。通过各种宣传工具和出版物宣传档案和档案工作，传播档案知识，扩大档案工作影响力，增强人们的档案意识，普及档案知识。

（五）档案科学技术研究工作

档案科学技术研究工作是通过调查、观察、实验、比较、分析等方式方法，把档案工作实践的感性材料加以研究和提炼，上升为理性成果的一项创造性工作。它是探求档案和档案工作性质、规律的过程和活动，包括档案科学的基础理论研究、应用理论研究、应用技术研究和档案科学研究管理工作。我国档案科学技术研究组织形式主要有档案科学技术研究所、中国档案学会和高等院校档案学教研室。

（六）档案国际合作与交流工作

参与档案国际合作与交流工作，是我国国家规模社会主义档案事业的一个重要组成部分，是发展我国档案事业的外部条件。档案国际合作与交流工作主要以参加国际档案组织的活动、建立国家间双边档案工作的交流与合作和国际档案学术交流与合作等的形式展开。

四、档案管理系统

现代档案管理工作已发展成为复杂的系统，包括档案实体管理和档案信息开发两个子系统，子系统又下分为若干层次的小系统。档案实体管理包括收集、整理、鉴定、保管、统计等工作环节。档案信息开发分为信息加工和信息输出两部分：信息加工由编制目录、编辑文献汇编和编写参考资料构成；信息输出由提供阅览、复制、咨询、函调、外借以及出版、展览等多项服务活动构成。整个档案管理系统及其子系统在运行中都形成反馈机制。

档案管理现代化的发展，必将对档案管理工作的结构产生新的影响。档案管理的最终目的是提供档案利用为社会实践服务。档案管理系统的结构应根据这一目的而设置。其中每个环节、每项工作都必不可少，并有一定的程序。它们组成一个有机整体，为实现档案管理系统整体功能而发挥各自的作用，同时它们之间又相互关联、相互制约。

档案管理系统是整个国家文献信息系统的组成部分之一，成为社会信息系统的基石。档案管理既具有当前的、现实的意义，也具有长远的历史意义，不仅对局部单位的工作和生产带来效益，也对整个社会产生积极作用。

第二节　档案工作的性质

档案是宝贵的不可再生资源，是人类智慧的结晶，对记录历史、服务于社会各方面工作有着极为重要的作用。档案工作是通过管理和提供档案利用，直接为社会各项活动服务的工作，是维护党和国家历史真实面貌的重要事业。其性质可概括为管理性、服务性、政治性和文化性。

一、档案工作的管理性

档案工作是具有独特管理对象、范围和方法的科学的管理性工作。档案工作的管理性表现在以下三个方面。

（一）档案工作是专门管理档案的特殊业务

档案工作不生产物质财富，更不直接从事政务管理和决策，以档案为管理对象，通过提供档案利用充分发挥档案的功能，给各项工作的开展提供依据，为各项管理和决策工作服务。

（二）档案工作是单位管理活动的重要组成部分

档案工作不是孤立的，它是各项社会管理系统中不可缺少的组成部分，是单位管理工作的有机组成。档案是管理活动的产物，是管理工作的工具和手段，收集、管理和提供档案利用是单位的一项重要工作任务。完成任务，履行职责，借鉴过去工作的经验教训，提高管理水平和工作效益都离不开档案和档案工作。档案工作是单位的一项基础性的工作，是管理活动中不可或缺的环节。档案工作的好坏，是衡量一个单位管理水平高低的重要标志。

档案工作的管理对象是档案，服务对象是档案利用者，所要解决的基本矛盾是档案的分散、零乱、质杂、量大、孤本等状况与管理活动利用档案要求集中、系统、优质、专指、广泛之间的矛盾。管理活动对档案需求的满足程度取决于档案工作水平的不断提高，档案工作水平则要适应不断增长的管理活动需求。二者处于从不适应到适应的不断地产生矛盾与解决矛盾的过程中，从而推动档案管理工作向前发展。档案管理的发展是通过由非独立系统到独立系统、由简单管理到复杂管理、由经验管理到科学管理、由手工管理到计算机管理、由封闭系统到开放系统而实现的。

（三）档案工作是一项科学性、技术性很强的管理工作

档案工作不是对档案的简单管理，而是采取科学的理论原则和技术方法管理档案。档案工作的每个业务环节，都必须遵循档案形成、管理、利用的规律与特点，运用科学规范的管理方法和科技手段来组织开展，使档案工作科学而有序地进行，既符合单位档案工作的实际，又体现档案管理基础理论和形式逻辑原则，理论与实践相结合，有所发展，有所创新。档案人员只有具备自然科学、社会科学、思维科学的知识和专门业务技能，才能做好各个环节的业务工作。否则，档案工作将处于混乱无序的状态。

二、档案工作的服务性

档案工作是在科学管理档案的基础上，提供档案信息为各项工作服

务，满足社会发展对档案的利用需要。服务性是发挥档案工作重要作用的基本属性，是档案工作赖以存在和发展的基本因素和前提条件。档案不仅可以为资政决策服务，也可以为人们解决疑难问题提供帮助，还可以为工作中了解情况、总结经验、研究问题提供参考。服务是档案工作的生命，是衡量档案工作的重要标志。只有努力做好档案信息资源开发利用工作，实现档案的价值，才能充分发挥档案信息资源的基础性、公益性、战略性功能，使档案工作具有生机与活力。

服务意识是档案工作者必备的职业素养。要树立全新的服务观念，提高服务质量，加强档案业务建设，既服务于日常需要，又服务于工作大局，促使档案的延伸人类记忆作用、文化存储作用、社会教育作用、文化传播作用、资政决策作用、知识产生作用和社会调解作用等得到充分的体现和发挥，为构建社会主义和谐社会贡献力量。

三、档案工作的政治性

档案工作的服务方向、管理对象及实质决定了其具有政治性。

（一）档案工作总是为一定的政治服务

在社会历史发展的各个阶段，档案工作必然为一定的经济、政治、文化服务，否则就不会存在，也难以发展。这个服务方向是档案工作政治性的集中表现。

档案工作是国家上层建筑的一个重要组成部分，档案工作的发展与国家的政治环境有着密切的联系。一般而言，国家的政治环境宽松、开明，方针政策科学、正确，档案事业就兴旺发达；反之，档案事业的发展就会停滞甚至出现倒退。

（二）档案工作是机要性工作

档案内容可能涉及国家的政治、军事、经济和技术秘密，涉及单位和个人利益或隐私，关系到国家利益和民族利益，必须严格按照《中华人民共和国保密法》做好保密工作。任何违反国家保密规定，泄漏国家秘密，使国家利益遭受损失的行为，都将依法受到惩治。

由于档案的内容关系到国家的政治利益和经济利益，所以，任何一个国家对档案管理都有一定的保密要求，一部分档案不会对外开放，而有的档案则要在规定期满后才对外开放。

（三）档案工作是维护国家、社会历史真实面貌的政治需要

档案记述了党和政府的方针政策以及人们进行工作的思想意图、成功的经验和失败的教训，记录着经济社会的发展历史，反映了一定历史阶段的社会政治、经济和文化状况，承载着人类文明的优秀成果，客观地维护着历史真实面貌，服务于现实经济社会的发展需要。因此，必须维护档案的真实性，保持档案的原貌，不允许任意篡改或修正。

档案是历史的见证，反映一定的历史事实，人们了解和研究历史主要依靠档案。做好档案工作，实际上就是维护历史的真实面貌。档案工作的任务就是在统一管理的原则下，按照档案工作制度，收集和科学管理档案，确保档案的完整和安全，使档案再现当时的历史面貌，从而保障单位历史的延续和发展，维护国家和社会历史的真实面貌。

四、档案工作的文化性

档案是重要的文化资源，是社会文化的组成部分，对传承人类文明发挥着载体作用。它真实记录人类的发明创造，积累人类文明的优秀成果，推动人类文明的创新和发展，具有文化性的特点。档案文化作为社会主义文化建设的一个重要方面，有着悠久的历史，是宝贵的历史文化遗产，是人类文明发展的记忆器和助推器，必将在社会主义文化建设中发挥不可替代的作用。

档案工作肩负着保存档案这一历史文化遗产的任务，具有利用档案发展科学文化的作用。科学文化事业的发展需要档案服务。开展科学文化事业和学术研究离不开系统、可靠的档案史料，特别是史学研究和编史修志，如果没有档案作为支撑，就根本无法进行下去。通过档案，延续了人类的记忆，人们可以探寻历史发展的轨迹，了解世界各民族所创造的辉煌业绩，继承传统文化精华，推动人类社会不断向前发展。

第三节　档案工作的原则

《中华人民共和国档案法》明确规定：“档案实行统一领导、分级管理的原则，维护档案的完整与安全，便于社会各方面的利用。”这一原则的确立，既是对我国档案工作长期实践经验的总结，也是我国社会主义制度对档案工作的必然要求。它对指导我国档案工作实践具有重要意义，对档案工作理论与实践的发展具有很大的贡献。我国档案工作的原则揭示了档案工作的客观规律，内涵丰富。

一、统一领导、分级管理

统一领导、分级管理是我国档案工作的组织原则和管理体制，也是我国档案工作行之有效的成功经验。

（一）国家全部档案由各级档案行政机构分别集中管理

集中统一是指国家全部档案由国家设立的各级各类档案保管机构分别集中保存，并制定统一的法规进行管理。国家的全部档案是国家的历史文化财富，这就为档案工作的统一领导和档案的集中管理创造了条件。实践证明，只有统一领导和集中管理，才能克服档案分散保存的混乱状态，便于制定统一的工作规范和标准，实现档案信息利用的网络化，为社会各方面利用档案提供最便捷的条件，充分发挥档案的作用，保证档案工作的正常进行和档案财富的有效积累。

各机关单位的档案由档案室集中统一管理，不得分散在各个部门或个人手中保存。各单位档案中需要长远保存的，由各级档案馆集中保管。未按规定程序办理批准手续，一切档案均不得任意转移、分散和销毁。

（二）全国档案工作由各级档案行政机构统一、分层、分专业指导和监督

全国档案工作实行全面规划和统筹安排，制定统一的档案法规和业务标准，提出统一的方针政策，实行统一的指导、监督和检查。各地方档案事业管理机构，要按照国家有关档案工作的统一规定和要求，结合本地区

情况，制定本地区的档案工作规划、制度和办法，指导、监督和检查本地区的档案工作。各专业系统档案主管机构在国家和地方档案行政机构的指导下，对本系统档案工作进行指导、监督和检查。

（三）实行党政档案和党政档案工作的统一管理

党政档案统一管理是我国档案工作的独有特点。任何单位的党、政、工、团档案由档案室集中管理；其他具有长远保存价值的档案由各级档案馆统一集中管理。党、政系统的档案工作，由档案事业管理机构统一进行指导、监督和检查。

二、维护档案的完整与安全

维护档案的完整与安全是档案管理的基本要求，也是各级档案机构的首要任务。只有保证档案的完整与安全，才能为档案工作提供必要的物质基础。

（一）维护档案的完整

所谓完整，是指档案数量和质量的统一。在数量上，确保档案齐全。将有保存价值的档案收集完整，应该集中和实际保存的档案不得残缺短少；应归档的文件材料必须及时向单位档案室归档；应向国家档案馆移交的档案必须按时移交，任何单位或个人都不得拒绝归档和移交。在质量上，做到系统完整地反映历史面貌，按照档案的内在联系管理档案，归档的文件材料必须做到按照形成规律保持一定的联系性和系统性，不能人为地割裂分散或零乱堆砌。数量和质量二者相互联系，缺一不可。只有实现两者的统一，才能有效地维护党和国家的历史真实面貌。

（二）维护档案的安全

所谓安全，包括档案的物质安全和政治安全两个方面。物质安全是指档案实体不能受到任何人为或自然的损毁，要尽量延长档案的寿命。政治安全是指档案内容的机密不被盗窃和泄露。维护档案的完整与安全是有机统一的，完整是安全的物质基础，安全是完整的有力保证。

三、便于社会各方面利用

便于社会各方面利用是档案工作的根本目的，是档案管理活动的出发点和归宿，是检验档案和档案工作质量的重要标准。

便于利用体现着档案工作的服务性质，是档案工作系统的总目标，是档案工作各业务环节的出发点，它支配着档案工作的全过程。档案的收集、整理、鉴定、保管、编目等各项工作，都应着眼于便于利用，不能脱离系统总目标。档案工作必须不断地提高服务效率和服务质量，为档案利用者尽可能地创造便利条件；要改变重藏轻用的观念，围绕便于利用做好各个环节的业务工作，达到提供档案信息为各项社会实践服务的最终目的，创造社会效益和经济效益。

档案工作的基本原则是一个有机整体。统一领导、分级管理是核心，是组织和制度保证，维护档案的完整和安全是物质基础，便于社会各方面利用是目的和宗旨。它们相辅相成，相互作用，共同促进档案工作健康有序地发展。

第四节　档案工作的机构

随着我国社会、经济的发展，我国的档案事业全面发展与提升，形成了具有国家规模的档案事业体系，并逐步朝着规范化、现代化的目标迈进。机关、团体、企事业单位普遍建立了档案管理机构，各级各类档案工作机构构成了一个结构合理、管理科学、颇具规模的档案工作组织体系。根据不同的性质和任务，我国的档案工作机构可分为以下四种基本类型。

一、档案室

档案室是统一管理本单位在工作活动中形成的全部档案，指导、监督、检查本单位各部门的档案工作，提供档案为各项工作服务的机构。

（一）档案室的性质

档案室是国家档案工作组织体系中最普遍、最大量、最基层的业务机构，肩负着为国家、社会积累档案财富的使命，是档案事业持续发展的重要基础。

1. 档案室是单位的内部组织机构。档案室是单位的组成部分，是单位中具有档案业务管理和档案行政管理职能的内部机构，是单位内具有参谋和咨询作用的部门。档案室与各业务部门密切联系，为业务部门的工作提供需要查考利用的档案。档案室的工作是单位业务工作的组成部分，是单位各项工作不可缺少的环节。

2. 档案室是主要为本单位服务的机构。档案室集中统一保存和管理本单位形成的档案，主要为本单位各项工作提供档案利用，直接为决策、管理和日常业务的开展提供咨询、参谋。档案室工作做好了，既可以提高本单位各项工作的效率和质量，也可以大大促进整个国家档案事业的发展。

3. 档案室是社会各项事业同档案工作联系的纽带。尽管社会各项事业同档案工作的性质、对象和任务不同，但是任何一个部门、一个单位的工作活动，必然产生档案并需要利用档案。因此，社会各项事业同档案工作有着必然的联系，档案室工作正是维系这种联系的纽带。各级档案行政管理部门通过档案室这个纽带，将监督、指导的职责在各单位进行落实，使社会各项事业的活动记录、研究成果得到安全维护。各单位、各行业可以通过这个纽带了解、认识档案工作，从而支持档案工作。

4. 档案室是国家档案事业的基础。在整个国家档案事业中，档案室处于相当重要的地位。档案室是全国档案工作的基础。档案室为国家档案馆积累和输送档案材料，是国家档案资源不断补充的源泉，是国家档案事业的物质基础。国家档案的完整程度和连续积累，首先取决于档案室。在全国档案事业管理体系中，档案室机构和从业人员最多，档案室保存的档案数量最多，发挥的现实作用最大。因此，档案室工作的质量和水平，对整个国家档案工作的质量和水平有着重要的影响。

5. 档案室为档案馆发展创造条件。档案室是保管具有长远价值档案的过渡性机构。档案室工作是国家档案馆工作发展的前提。从档案事业发展史来看，档案室先于档案馆产生。可以说，没有档案室工作的不断推进，就没有国家档案馆的产生和发展。档案室源源不断地向国家档案馆输送、补充档案，档案馆工作才能在不断丰富馆藏的基础上提高和发展。

6．档案室是提高单位工作效率和质量的必要条件。档案室的工作是维护单位历史真实面貌的一项重要工作。档案是前人智慧的结晶，促进各单位工作不断延续，借鉴以往经验、制订计划、总结工作、执行政策、处理各种问题都需要查考档案。档案室为单位工作人员提供科学的依据和准确的信息，减少无效劳动和重复劳动，使各项工作顺利进行。

（二）档案室的基本任务

档案室是各项工作的助手，为单位管理和单位职能活动提供必要的档案信息支持。档案室的基本任务是：集中统一各种门类和载体的全部档案，维护档案的完整与安全，为本单位各项工作服务，为党和国家积累档案史料，《中华人民共和国档案法》《机关档案工作条例》和《机关档案工作业务建设规范》等法律、法规中明确规定了档案室的具体任务，概括起来主要有如下几点：

1．贯彻执行档案工作的法律、法规和方针政策。档案室是国家档案事业的基层组织，必须遵守党和国家关于档案工作的法律、法规和方针政策，依法从事本单位的档案工作，这是做好档案室工作的基本前提。

2．制定本单位档案工作管理办法。档案室应该建立健全本单位档案工作的规章制度，采取一系列有效的措施，使本单位的档案工作有章可循，从而将本单位的档案工作纳入国家档案事业法治建设的轨道，这是开展档案室工作的基本保证。

3. 对本单位各部门文件材料的收集、整理、立卷和归档工作进行监督和指导。档案室的档案来源于本单位图书部门和业务部门。为使本单位文件材料的形成、积累、归档符合档案工作的要求，保证归档案卷质量，档案室应对本单位各部门形成的文件材料的收集、整理、立卷、归档工作进行监督和指导，这是国家赋予档案室的权力。

档案室要指导、监督图书部门和业务部门把应该归档的文件材料收集齐全；指导和帮助各部门按照归档原则与要求整理文件材料，根据需要与可能，做好各项技术性工作，如纸质文件的装订、电子文件的录入、声像材料的文字说明；指导和监督各部门定期向档案部门归档，使单位全部档案得以集中统一地保管。

4. 集中统一管理本单位的全部档案。档案室应该是集中统一管理本单位全部档案的信息中心。要创造良好的基础和物质条件，集中保管本单位各种门类和载体的档案，确保档案的完整与安全，做好档案的收集、整理、鉴定、保管和统计工作。

5. 积极主动地为本单位各项工作开展档案利用服务。管理是手段，利用是目的。档案室工作的根本目的就是充分发挥档案的作用，为单位领导决策和各项工作服务。档案利用工作反映档案室工作的成效，直接影响档案室的发展，关系到单位工作效益的提高。档案室要根据本单位利用档案的特点，编制各种检索工具和参考资料，开展各种利用工作，变被动服务为主动服务，为各项工作提供档案咨询、查阅和利用服务。

6. 对所属单位的档案工作进行监督和指导。按照档案工作统一领导、分级管理的原则，档案室除管理好本单位的档案外，还应负责对所属单位的档案工作进行监督和指导。

7．为档案馆积累和输送档案。档案室要依法向档案馆移交档案，定期把具有长远保存价值的档案向档案馆移交。《中华人民共和国档案法》第十一条明确规定："机关、团体、企业事业单位和其他组织必须按照国家规定，定期向档案馆移交档案。"档案室保存的本单位形成的档案既对本单位工作有利用价值，又对社会有参考作用，需要移交给国家档案馆保存，在更大的范围为社会当前和长远的需要服务。

《中华人民共和国档案法实施办法》和《机关档案工作条例》规定，机关长久保存的档案，在本机关保存一定期限（省级以上机关20年左右，其他机关10年左右）后向指定的国家档案馆移交。移交时要把目录数据库软盘、案卷目录和有关检索工具、参考资料一并向有关的档案馆移交。一个机关的全部档案是不可分割的整体，应统一向同一个档案馆移交，保持全宗的完整性。

（三）档案室的类型

我国档案室数量大、分布广、类型复杂，主要有以下类型：

1．普通档案室。普通档案室是集中管理本单位党、政、工、团等组织形成的档案的档案室。

2．科技档案室。科技档案室是集中管理本单位在科技生产过程中直接形成的科学技术档案的档案室。

3．音像档案室。音像档案室是集中管理本单位工作活动中产生的具有利用和保存价值的以声音、图像为记录手段的各种载体形式档案的档案室。

4．人事档案室。人事档案室是专门管理本单位人力资源管理活动中形成的记载员工个人经历和德才表现的人事档案的档案室。

5．综合档案室。综合档案室是集中统一管理本单位全部档案的档案室。综合档案室是综合性档案保管机构，利于统一领导和管理档案工作，便于综合开发利用档案信息资源。

6．联合档案室。联合档案室是性质相近、关系密切、驻地集中的若干单位联合成立的共同管理各单位档案的档案室。联合档案室更利于档案的集中管理和利用，能够有效节约人力、物力和财力。

二、档案馆

档案馆是集中管理国家规定范围内形成的具有长远保存价值的档案的机构。档案馆工作已成为档案事业建设的主体和重点，在国民经济和社会发展中发挥着越来越重要的作用。

（一）档案馆的性质与地位

档案馆是党和国家的科学文化事业机构，是安全保管档案、进行爱国主义教育的基地，是面向社会的档案利用中心和档案信息服务中心。

文化性是档案馆的本质属性，主要表现在两个方面：一方面，档案馆是积累和保管利用档案这一人类文化历史遗产的基地和中心，是人类所创造的各类文化的最终归宿地，对传承人类文明发挥着纽带作用；另一方面，档案馆作为一种文化的承载体，其自身也是文化遗产的重要组成部分。

作为档案事业主体的档案馆是一种科学文化事业机构，国家设立档案馆就是为了保管和利用档案这一历史文化财富，为科学研究和其他各方面工作利用档案史料提供方便。

档案馆的文化性既是国家意志的体现，又是现代信息社会对档案馆生存与发展的客观要求。档案馆存在的主要意义在于对人类文化宝贵遗产的保护和传承以及对社会文化建设的独特作用。正确认识并大力弘扬档案馆的文化属性，有助于明确档案馆工作的目标和方向，有助于国家档案事业的健康发展。

档案馆是我国档案工作组织体系中的重要业务系统，是档案事业的主体，居于主导地位。原因在于：第一，档案馆集中保存了大量有长远保存价值的档案，这是档案工作的物质基础；第二，档案馆在人员配备、工作条件、管理手段、经费设备、档案开发利用方面，比其他档案机构具有明显优势；第三，档案馆工作集中体现了档案工作的成果，反映了档案工作的水平。

（二）档案馆的任务

档案馆的基本任务是集中统一地管理党和国家需要长远保存的档案和史料，维护历史的真实面貌，积极提供利用，为现实的社会主义现代化建设和历史发展的长远需要服务。档案馆的具体任务主要是：

1. 收集和接收本馆保管范围内对国家和社会有保存价值的档案。按照国家、地方和行业主管部门的有关法律、法规及规定，档案馆接收和收集本级各机关、团体及其所属单位具有长期和永久保存价值的、各种载体的档案以及相关资料。

2. 科学地管理档案。对接收进馆的档案、资料，严格按照规定整理、存储和保管，实行标准化、规范化、现代化的管理，构成多层分布的档案信息数据库，保障档案的安全。

3. 开展档案的利用服务工作。大力开发档案信息资源，通过各种利用形式和途径积极开展档案利用工作，对档案内容进行系统的研究考证，利用档案印证历史事实，举办各种形式的档案展览，为社会利用档案资源提供服务，实现档案信息资源的社会共享。

档案馆应成为政府公共信息服务中心、人文历史和现代文明展示中心以及爱国主义教育基地，应成为现行文件利用中心、社会档案寄存中心和智能化数字档案馆，应成为学术交流和文化休闲的场所，充分体现政务公开、文化展示、在线服务、传统教育等服务内容。

4. 编辑出版档案史料、编史修志。立足馆藏档案资料，广泛收集各种载体的历史档案、资料，结合现实工作需要进行年鉴、史志编辑与档案专题编研。

（三）档案馆的种类

我国已经形成了功能比较完善的全国档案馆网络系统，档案馆的类型归纳起来可分为以下几种：

1. 综合档案馆。它是按照行政区划或历史时期设置的，管理规定范围内多种门类及各种内容和形式的档案，具有文化事业机构性质的档案馆，如中央档案馆、中国第一历史档案馆、中国第二历史档案馆、北京市档案馆等。

综合档案馆数量众多，是我国国家档案馆和档案事业的主体。综合档案馆一般分别隶属于各级党和政府，收集保管党和国家在各方面管理活动中形成的档案。

根据综合档案馆所处层次的不同，可分为中央级和地区级综合档案馆两种类型。中央级综合档案馆如中央档案馆、中国电影资料馆等；地区级综合档案馆包括省（自治区、直辖市）、地区（市、自治州）、县级档案馆，如天津市档案馆、新疆维吾尔自治区档案馆、柳州地区档案馆等。

2．专业档案馆。它是管理特定范围内专业档案的档案馆。专业档案馆既可按所保存档案的载体形态设置，也可按所保存档案涉及的专门领域设置，如中国人民解放军档案馆、中国照片档案馆、中国电影资料馆、上海市城建档案馆等。

3．部门档案馆。它是指由专业主管部门设置的，收集管理本部门及其直属机构档案的档案馆，如外交部档案馆等。

4．企业档案馆。它是某一企业设置的收藏和管理本企业档案的档案馆。企业档案馆作为全国档案馆网络体系成员、企业档案信息的利用中心，要集中保管企业档案，积极开展各项档案业务，向本企业和社会各方面提供服务，并根据有关规定定期向国家档案馆移交具有国家和地方重要意义的档案。

具备设置企业档案馆资格的应该是大型以上企业和企业集团，特别是资本密集、技术密集、生产过程联系紧密，对专业化分工协作和规模经济要求较高的企业，以及特殊行业、国家垄断性行业的大型以上企业。

企业档案馆是企业的内部机构，其设置必须考虑企业档案工作的基础状况，着眼于实现档案、图书、情报资料的一体化管理，以便实现信息资源的综合开发与利用，提高企业信息管理的效率。

5. 事业单位档案馆。它是事业单位设置的管理本单位档案的档案馆，如北京大学档案馆等。事业单位经主管部门批准，向同级档案行政管理部门备案，可以设立档案馆。

三、档案科研、教育和宣传机构

为了加强档案科研、教育和宣传工作，促进档案工作协调发展，国家建立了档案科研、教育和宣传机构。

（一）档案科研机构

档案科研机构包括各级各类档案科研所和群众性学术团体。

（二）档案教育机构

档案教育机构包括设有档案专业的大中专院校和有关培训中心。

（三）档案宣传机构

档案宣传机构主要是档案专业报刊，各种档案专业报刊负责宣传档案工作方针政策，交流档案工作经验，开展档案学术交流，公布最新档案资料等。

四、档案行政管理机构

档案行政管理机构是党和国家领导、监督和检查档案工作的管理机构，其职能是对档案馆、档案室的业务工作进行管理。

（一）档案行政管理机构的性质

档案行政管理机构是我国档案工作组织体系中的行政系统，是党和国家指导和管理档案工作的行政部门，是国家档案事业的组织和指挥中心，在整个档案事业发展中起着决策、规划、组织、协调、监督、指导和检查的作用。

（二）档案行政管理机构的任务

档案行政管理机构的基本任务是对全国档案工作分层次、分专业地进行业务指导、监督和检查。具体任务是：

1. 制定档案工作的规章和办法。根据职权范围，制定档案工作的方针政策，制定并颁发档案工作的法规、条例、制度及办法，研究与制定档案业务工作的标准和规范，建立档案工作规章制度。

2. 制定档案工作发展规划。提出档案工作发展的总体规划和工作计划，规划和筹建档案馆。

3. 对档案工作进行指导、监督和检查。对各级各类档案馆、档案室的业务进行日常指导、监督和检查。协调和指导图书工作，特别是图书处理和立卷归档工作。提出鉴定档案的原则和标准，研究和审查档案保存价值、保管期限方面的问题，监督档案销毁。

4. 促进档案事业发展。组织和指导档案科研、宣传、出版和外事工作，开展档案理论和技术研究，参加档案界的国际交流和合作。组织和指导档案工作业务经验交流，举办各种档案工作会议，研究问题，总结经验。发展档案专业教育，组织指导档案人员专业评聘和教育工作，培训在职档案人员，进行档案人员职称评定。组织档案的利用工作，做好党和国家领导机关交办的相关事宜。

5. 协调档案机构与其他部门的关系。加强与社会其他机构和部门的联系，争取有关部门对档案工作的重视和支持，协商解决档案事业经费、档案工作机构、人员编制等问题。

（三）档案行政管理机构的类型

我国从中央到地方均设有档案行政管理机构。在各级人民政府内设立档案局，在中央和地方专业主管机关内设立档案处（科），分别负责管理本地区、本系统的档案工作。

1. 国家档案局。国家档案局是全国档案事业的最高领导机关，是统一掌管党和国家档案事业的职能机构，对全国档案工作进行指导、监督与检查。

2. 地方档案局。地方档案局是地方党和政府的工作部门，是掌管行政区域内档案工作的职能机构，负责所属辖区内档案工作的监督、指导与检查，在业务上受上级档案局指导。

3. 档案处、科。中央和地方专业主管机关以及军队系统设有档案处、科，在业务上受国家档案局统一指导，负责对本系统各单位档案工作进行监督、指导和检查。地方专业主管机关的档案工作，以受地方档案局业务指导为主，同时接受上级专业主管机关的业务指导。

各级档案机构之间的关系是：上级档案行政管理机构对下级档案行政管理机构具有业务指导和监督的关系；同级档案行政管理机构对档案馆和档案室等档案业务机构具有业务指导和监督关系；机关档案室和档案馆之间具有档案交接关系；各级档案馆（室）之间均无隶属关系，但有一定的协作关系。

第五节　档案管理制度

档案管理制度是科学管理档案，做好档案工作的重要依据，也是监督、指导和检查本单位档案工作的必要手段。

一、建立档案管理制度的意义

档案管理制度是单位档案管理行为的准则和档案业务建设的依据。建立档案管理制度是档案管理工作得以顺利进行的前提。档案管理制度完善与否，直接关系到档案管理工作质量的高低。建立健全并严格执行档案管理的规章制度，不仅可以为实现档案科学管理和有效开发利用创造条件，而且也是各单位加强基础管理、全面提高竞争力的客观需要。

二、档案管理制度的内容

档案管理制度分为档案行政管理制度和档案业务管理制度两大类。档案行政管理制度是保证档案工作在单位全面落实的行政性管理制度，如档案管理办法、档案工作岗位责任制、文件材料立卷归档办法等，具有适用范围的广泛性和发挥作用间接性的特点。档案业务管理制度，是关于档案收集、整理、鉴定、保管、统计、利用等业务工作操作方面的制度，如档案分类编号办法、档案库房管理制度、档案鉴定销毁制度、档案保密制度、企业特殊载体档案管理制度（包括音像档案、电子档案、实物档案等管理制度）等，具有使用范围的专有性和专业性的特点。档案管理制度主要有以下几种。

（一）文件归档制度

文件归档制度是职能部门进行归档工作的基本规范和依据，是档案部门指导、检查文件归档工作的依据，是做好档案收集工作的依据，是保证档案工作活动连续性以及有效性的基础。文件归档制度主要规定文件材料立卷归档的职责，归档文件材料的基本要求、整理标准，文件材料的归档范围和保管期限划分等。文件归档制度内容包括：

1. 归档范围，指办理完毕的文件材料应当归档和不应当归档的范围。

2. 归档时间，指图书处理部门和有关的业务部门将需要归档的文件材料向档案室移交的时间。

3. 归档份数，指归档的文件材料的数量。

4. 归档要求，指应该归档的文件材料要做到种类齐全、份数完整，不能缺张少页，尽量保证文件材料之间的有机联系。

5. 归档手续，指在文件材料形成部门向档案室移交档案时，交接双方应该对移交的文件材料进行详细清点。经过认真核对，交接双方确认无误后，方可履行签字手续。

（二）档案借阅制度

档案借阅工作是档案利用的一种形式。为充分发挥档案的作用，维护档案的安全，应该制定档案借阅制度。档案借阅制度是关于利用者借阅档案的若干具体规定。

1．阅览室的接待对象。阅览室的服务对象一般是单位内部的工作人员。如果外单位的用户需要查阅档案，在说明利用档案的目的和范围后，按档案利用的规定办理相关手续，可查阅利用属于开放范围的档案。

2．借阅手续。档案用户凭有效证件和证明，可进入档案室借阅所需要的档案。在进阅览室之前，要进行用户登记。如果借用档案，必须填写借阅单，注明档案号、借阅日期以及归还日期。如果逾期不还，应该对用户发送催还通知。档案归还后，应认真核对、清点，确保档案完整无缺。

3．批准手续。借出档案或对借阅的档案内容进行摘录、复制、公布，必须按档案利用制度的有关规定办理批准手续。

4．借阅要求。档案用户在进入档案阅览室借阅时，档案人员应该提醒利用者遵守阅览室的借阅条例，保护好档案。例如，不允许在阅览室时内吸烟、喝水；不允许在档案上勾画、涂抹，等等。利用者应爱护档案，在规定的阅览范围内查阅档案。

（三）档案保管制度

档案保管制度的内容包括：档案安全问题、进出库登记、库藏档案定期检查、设备管理、清洁卫生等方面。

档案保管制度对档案保管场所、进出人员及其进出方式与时间、档案保管要求等进行必要的限制并作出规定。进行档案保管要注意防火、防水、防潮、防霉、防虫、防光、防尘、防盗，采用空调或恒温、恒湿技术设备对档案室进行温度、湿度的控制，整齐有序地排放档案柜架、档案卷盒。定期对保管的档案进行检查，以发现是否有霉变、虫蛀等现象和迹象发生，是否有潜在隐患等危险因素存在，以及档案的调出和归还是否履行了严格的手续，实体秩序是否遭到破坏或出现混乱，是否有长期使用未归还的档案，等等。

（四）档案鉴定制度

档案鉴定制度的内容包括：档案鉴定工作的原则与方法、各种类型档案保管期限的确定、档案鉴定工作负责人、鉴定程序、销毁档案的审批程序及档案销毁工作的有关要求。

档案鉴定制度应该对鉴定标准、鉴定工作组织和档案的销毁作出明确规定。要根据国家档案局颁发的档案鉴定标准，结合本单位的实际情况，制定适用于本单位的档案价值的鉴定标准。档案的价值鉴定工作必须有组织、有领导地进行，一般由秘书、档案室人员、相关部门的领导参与和组织。坚持销毁档案的批准和监销制度，经过鉴定确认需要销毁的档案，必须经由主管领导批准，销毁档案必须实行两人监销的制度。

（五）档案保密制度

档案保密制度的内容包括：档案保密工作的组织、档案保密措施、对涉密人员的要求、密级档案的保管、利用密级档案的审批程序、利用密级档案应遵守的规定、密级档案的降密和解密以及泄密应承担的责任。

档案保密制度要明确档案的秘密等级，每一位档案人员和档案用户都要严格履行保密制度，不失密、不泄密。对于泄密的人员，应给予一定的处罚。

（六）档案人员岗位责任制度

档案人员岗位责任制度的内容包括：档案人员的职责、权限、任务、考核和奖励措施。

档案人员负责具体的档案管理工作，对档案的管理实行监督、指导和检查，各司其职，分工合作。应该建立档案管理人员的绩效考核机制，对绩效好的档案人员实行奖励。

三、制定档案管理制度的要求

档案管理制度是档案工作必须遵循的规定和准则，要确保其体现政策性、有效性和科学性。

（一）学习领会档案法律、法规的各项规定

档案管理制度的制定要符合有关法律、法规的要求，不能与之相互冲突。应该认真学习档案法律、档案行政法规、档案地方性法规、档案部门规章、档案规范性文件，熟悉档案法律、法规的内容，领会各项规定的精神。在此基础上，制定档案管理制度。

（二）调查分析

了解单位档案管理的特点和档案形成规律，明确档案管理的要求和需要解决的问题，使档案管理制度的具体规定符合本单位工作活动及形成文件的实际，与单位内部其他各项管理制度相衔接。

（三）加强与有关部门的配合

争取单位领导的重视、支持，加强与单位综合管理部门、各专业部门的沟通联系，广泛收集来自各部门及各方面的对档案管理的意见和建议。

（四）针对档案工作实际

根据档案工作的任务、内容和要求拟写档案管理制度，做到熟悉档案工作业务内容，熟悉档案工作各环节的具体要求。

（五）遵循一定的原则

制定档案管理制度的基本原则是坚持合法性、适用性、系统性和可操作性。制度的内容要客观、具体、明确、实用，有一定的灵活性。

（六）认真审核修改

要广泛征求意见，对制度的内容、格式、可行性等进行全面审核，使档案管理制度更加完善。

第三章　档案收集与整理

第一节　档案收集

一、档案收集的内容

档案收集工作是按照党和国家的规定，通过例行的接收制度和专门的征集办法，把分散在各单位、部门、个人手中和散失在社会上的档案分别集中到各有关单位档案室和各级档案馆的工作。档案收集工作的内容包括以下三个方面。

（一）对本单位需要归档档案的接收

档案室按照归档制度的要求，定期接收本单位图书部门和业务部门移交的经过系统整理的归档文件。单位各部门办理完毕的文件是档案室档案的主要来源，建立健全单位内部文件材料的归档工作制度是档案部门开展档案收集工作的主要途径。

档案室接收归档文件要先检查移交目录与归档文件是否相符，审核归档文件是否齐全完整、系统规范，再履行交接手续。

（二）对现行单位和撤销单位具有长久保存价值的档案的集中和接收

接收现行单位和撤销单位的档案是各级档案馆收集工作的任务之一。现行单位档案是指现在正进行工作活动的单位所形成的档案。撤销单位档案一般是指中华人民共和国成立以后被撤销单位形成的档案。档案馆应将属于本馆收集范围内的各种门类、不同载体的具有长久保存价值的档案齐全完整地收集进馆。

（三）对历史档案的接收和征集

历史档案是指中华人民共和国成立前，各机关、团体、企业、事业单位以及著名人物在社会活动中形成的档案，包括革命历史档案和旧政权档案，是珍贵的历史文化遗产。接收、征集历史档案是档案馆丰富馆藏的重要手段。

档案征集是档案部门按照国家规定征收与本馆业务范围有关的档案、文献的活动，是档案部门丰富馆藏档案史料的必要补充渠道。档案征集主要是把流失在社会上或个人手中的历史档案收集进馆。

历史档案流失的原因比较复杂，所以征集工作政策性强、难度大。既要正确把握政策与策略，又要讲究方法和技巧。应统一规划，有组织、有计划、有重点、有目标地开展征集工作，防止征集工作的盲目性。主动进行调查研究，摸清档案流散情况，以对历史负责的精神，做好档案资料的征集、保管和利用工作。对散失在民间的珍贵档案，可采取接受捐赠、代为保管、征购等形式进行征集。

征集对国家和社会有保存价值的档案资料，是一项具有历史和现实意义的重要工作，各单位、团体及社会各界人士应给予积极支持和配合，形成强大的征集工作的社会合力。

二、档案收集的方式与途径

为了确保档案收集及时、准确、完整，应根据形成文件的特点和工作实际情况，通过多种收集方式和途径收集档案。

（一）档案收集方式

档案收集的方式有平时收集、定期收集和年终收集三种。

1. 平时收集

根据文件材料的承办、形成运转情况，在办理完毕后，由归档单位及时收集。

2. 定期收集

对于平时收集有困难的各种文件材料，应根据其形成的实际，定期适时收集，以防散失。

3. 年终收集

每年年终时，各部门、单位领导和业务人员对应归档的文件材料进行一次清查、清退，移交给负责立卷归档的人员，以保证应归档文件材料齐全、完整。

（二）档案收集途径

进行档案收集最常用、最有效、最直接的途径是依据收发文登记簿进行核对收集。由于收集工作涉及面广、情况复杂，要尽量把握文件材料形成的规律和特征，有针对性地收集文件材料。可以根据文件材料中提供的线索进行跟踪式收集；按照文件的对应关系、收文的文号、图纸的图幅编号进行收集；以领导人、承办人在文件处理单上签署的意见所提供的线索进行收集；根据工程建设、重要设备开箱等实际情况，深入现场收集；通过走访领导、承办人或当事人所获得的线索进行收集。

三、档案收集的要求

档案收集是档案部门将应归档保存的文件材料进行集中和接收，执行过程须按照一定的制度规定和要求进行，具体要求如下。

（一）齐全完整

档案的齐全是指各种门类和不同载体的应集中保存的档案，均收集进档案部门，不能有遗漏或残缺。档案的完整是指归档的每一份材料都完好无缺。

一个组织的活动不是孤立进行的，是与各方面有着密切联系的。要确保所收集档案的齐全完整，必须采取有效的措施。

第一，制定各种有约束力的规章制度，强化人们的档案意识，提高图书和档案管理人员的素质，建立正常的档案工作秩序。

第二，认真执行《机关文件材料归档范围和图书档案保管期限规定》，结合本单位的情况，确定符合实际的具体的归档范围、办法和要求，以便于遵照执行。凡是在本单位工作活动中形成的具有查考利用价值的文字、图表、簿册、声像、光盘、磁盘等各种载体的文件材料均应列入收集范围。重点收集反映本单位主要职能活动和基本历史面貌的文件材料，包括单位自己制成的有价值的文件材料，上下级机关、同级平行机关及其他针对本单位主管业务和密切联系的各类文件材料。

第三，将单位立卷归档工作纳入业务部门的职责范围，作为岗位责任制或其他制度中的一项内容，从组织上保证档案的齐全完整。

第四，严格按照鉴定原则和档案保管期限表的规定，对收集到的文件材料进行鉴定，准确地确定档案的存毁，确保反映本单位重要实践活动和重要事件的材料都能归档。

（二）准确系统

档案能反映单位的历史面貌和工作特点。档案部门应保证归档文件材料的准确性和系统性，做到执行归档制度与归档的收集相结合；账内文件与账外文件的收集相结合；红头文件与图纸、报表、会议记录等非正式文件的收集相结合：纸质文件与非纸质文件的收集相结合。充分考虑档案的科学文化价值及其在当前的工作、生产、科研活动中的积极作用，着重收集反映本单位及其内部职能活动和历史发展状况的档案，保证收集的档案能够反映一个地区、部门、专业系统及单位的历史脉络。

（三）及时归档

及时归档是指将应当收集或征集的档案及时收集到档案部门，避免拖延迟误。

档案是单位的一种资产、财富，是社会的宝贵信息资源和国家档案全宗不可分割的组成部分。任何单位和个人都应按照国家和地方档案行政管理部门的有关规定，将本单位文件处理部门及其他业务部门形成的属于归档范围的文件，及时归档。档案管理人员要掌握单位活动情况，加强与各部门联系，了解其工作情况，对于应该归档的文件材料做到心中有数，必要时采用跟踪收集的方式集中文件材料。

档案馆应将属于本馆接收范围的所有立档单位形成的具有长远保存价值的档案，及时接收进馆。

（四）有针对性

全面了解档案的利用动向、特点和规律，掌握应入档案馆（室）档案的形成、流动、管理和使用情况，根据档案收集范围，有计划、有针对性地收集，使收集的档案符合档案用户当前和今后的利用需要。

（五）保证质量

制定切实可行的接收制度和要求，加强档案标准和规范化工作，按照制度规定检查无误后收入档案馆（室），合理安排各类档案的接收时间，确保档案收集工作的质量。

第二节　档案整理

一、档案整理工作的内容

档案整理工作是按照一定的原则和方法，把处于相对零乱状态的档案，进行分类、组合、排列和编目，从而使之系统化的一项业务环节。档案整理能够建立档案实体秩序，为档案合理开发利用奠定基础。其内容包括区分全宗、全宗内档案的分类、文件材料的组卷整序和目录的编制。档案整理工作内容主要表现为以下三种情况。

（一）系统排列和编目

正常情况下，档案室主要接收图书部门和业务部门按照归档要求组好的案卷，档案馆主要接收档案室根据入馆要求整理移交的案卷。因此，档案室、档案馆的档案整理工作，主要针对按照制度规定接收的档案，在检查验收原有整理质量的基础上，根据本室（馆）库房管理的特点和需要，在更大的范围内进一步系统整理，如全宗和案卷的排列、案卷目录的加工等简单的条理化、系统化的工作。

（二）局部调整

经过管理实践的检验或专门质量检查，会发现有的已经整理的保存于档案部门的档案不符合整理质量要求，不便于保管和利用。档案馆和档案室要对其进行一定的加工，以提高其质量。对于保存时间较长的档案，当其自身或档案整理体系发生变化时，要进行重新分类、组件装盒或立卷、系统排列与编目等整理工作。

（三）全过程整理

对于档案馆、档案室接收和征集的有价值的零散档案材料，要进行全面的加工整理，包括区分全宗、全宗内档案的分类、组卷、案卷排列、编定档号、编制案卷目录、全宗档案的系统排列。当馆藏体系遭到严重破坏时，应及时对档案进行全面的整理工作。

二、档案整理工作的原则

档案整理是档案工作的重要基础环节，对于充分发挥档案的作用，实现档案的有效利用，具有重要意义。档案整理工作有一定的标准和依据，应按照一定的原则进行。档案整理工作的原则是：遵循文件的形成规律，保持文件之间的有机联系，充分利用原有基础，区分不同价值，便于档案的保管和利用。

（一）遵循文件的形成规律

文件材料是单位工作活动的产物，其内容反映了单位历史活动的性质、职能、任务和发展历程。根据形成文件的内容特点与规律整理，才能对档案进行恰当的分类与合理的组织。

文件材料是在图书处理过程中形成的，体现出图书格式、语言文风、行文关系、载体材料和技术环境的特征。只有依照形成文件的形式特点与规律整理，才能正确处理档案材料的特殊问题。

正确认识和理解文件材料内容和形式上形成的特点与规律，在整理工作中将两者有机地结合，就能客观地反映一定时期内单位各项活动的历史真实面貌，使整理工作有效进行。

（二）保持文件之间的有机联系

文件材料是在工作活动中有规律地形成的，彼此之间具有来源、时间、内容和形式方面的联系。整理档案时，要注意保持它们之间的有机联系。

1. 来源联系

文件材料在来源方面的联系，是指产生和处理这些文件的内部机构、组织和个人之间的相互关系。文件不是凭空产生的，而是由具有一定职权和职责的组织或个人在其活动中形成的。文件的形成者构成了文件来源方面不可分割的联系。整理档案要保持文件来源方面的固有联系，把同一来源的文件集中，完整、全面地反映该组织或个人的职权、职责和工作活动情况。从档案整理的全部工作程序来看，来源联系是档案文件间的首要联系。保持文件来源之间的联系，才能进一步通过文件的时间、内容和形式联系，深入反映工作活动的面貌。

2. 时间联系

文件材料在时间方面的联系，是指文件产生和处理在时间范畴上的相互关系，表现为自然的先后顺序和一定的起止过程或阶段。任何单位的工作活动都是在一定的时空范围内进行的，有一定的过程和阶段。因而文件在产生和处理过程中，必然形成自然的时间联系。整理档案必须保持文件的时间联系，按其形成的先后顺序分类排列工作活动的发展运动过程，以便于按照过程、分阶段管理和利用档案。

3. 内容联系

文件材料在内容方面的联系，是指文件产生和处理过程中所反映和涉及的工作、活动、问题、事物、事件、人物方面的相互关系。文件形成者的特定活动，如业务处理、工作调查、专业会议、案件承办等，必然形成内容密切相关的文件。整理档案必须保持文件内容的紧密性，将人们履行职责、解决问题中形成的同一内容的文件集中，反映机构或个人在某项职责或某方面工作活动中的基本面貌，便于按照内容集中管理和利用档案。

4. 形式联系

文件材料在形式方面的联系，是指文件在制作材料、记录表达方式、种类名称等方面的相互关系。文件材料是以一定形式存在的，整理档案必须保持文件材料形式方面的联系，把相同载体、同一记录表达方式和同一种类的文件集中，便于按照形式上的特征管理和利用档案。

（三）充分利用原有的整理基础

充分利用原有的整理基础，既可以保持文件材料之间原有的有机联系，维护单位的历史真实面貌，又可以节省人力、财力、物力和时间，保证整理质量，降低整理成本，提高工作效率。

整理档案要尽量在原有整理基础上进行，充分尊重和利用档案原有的整理成果，不轻易打乱已有的整理体系。原有整理结果基本能用的，可以维持原有状态；局部不合理、不可用的，进行局部调整，纠正其中整理不当和整理有误的地方；原有整理基础混乱，不能达到有效管理目的的，应重新整理，做必要的加工。

（四）区分不同价值

档案整理过程中，区分档案的不同价值、划分保管期限是一个关键环节。它有利于减轻日益增多的档案给保管场所和设备带来的压力，集中人力、物力妥善保管价值较大的档案。通过判定档案的价值，档案人员能够进一步掌握档案的内容和效用，针对实际情况提出开发利用的具体建议，指导档案的利用工作。

（五）便于档案的保管和利用

收集起来的文件材料数量庞大、内容复杂、价值各异，要经过整理、鉴定，区分不同价值，达到科学化、系统化管理，便于保管和利用。

档案整理是档案基础工作的组成部分，在档案业务实践中具有举足轻重的作用。便于档案保管和利用是档案整理工作的目的和任务，是检验和衡量档案整理工作质量的基本标准。

档案的保管和利用要以档案整理有序为基础，而具体的保管和利用档案活动又能集中反映档案整理状况和整理工作的水平。全宗、类别、一个案卷或一份档案，既是档案的整理单位，也是档案的保管单位和利用单位。在整理档案时，必须依次做好区分全宗、全宗内档案的分类、档案的组合排列以及目录编制等工作，遵守简洁、便利、有效的基本要求，为便于保管和利用提供前提与条件。

三、全宗

档案馆（室）是以全宗为单位进行档案管理的。依照全宗顺序整理档案，能够维护单位或个人历史的完整性。

（一）全宗概念

全宗是一个具有社会独立性的组织或个人形成的具有有机联系的档案整体。一个机关、社会组织或著名人物在工作活动中形成的全部档案称为一个全宗。

全宗是档案的基本分类和管理单位，是国家档案全宗组成以及国家对档案进行统计的基本单位。一个全宗是由特定的来源单位在履行职能完成任务过程中积累下来的原始记录组成的不可分割的有机体系，其成分包括该单位各种门类的档案，即各种记录方式、各种载体和文件形式的内部文件、收文和发文等。

按全宗顺序整理档案，能保持文件之间的来源联系，能够全面反映某一特定单位的历史面貌，便于档案馆（室）科学地组织档案的收集、整理、鉴定、保管、利用、统计等业务环节。区分全宗是档案整理工作的第一步，也是遵循档案整理保管过程中全宗不可分散性原则。

（二）立档单位

立档单位是形成档案全宗的单位，又称全宗构成者。

构成立档单位有三个条件：第一，可以独立行使职权，并能以自己的名义对外行文；第二，是一个会计单位或经济核算单位，自己可以编制预算或财务计划；第三，设有管理人事的机构或人员，并有一定的人事任免权。这三个条件是统一并互相联系的，以独立行使职权并能以自己的名义对外行文为主要条件。

确定一个单位是否为立档单位，可以查阅与该单位有关的法规性文件，分析该单位的实际活动情况，看其是否具有法人地位，是否具有独立的图书处理工作制度和法定的印信等。

（三）全宗的设立

设立全宗主要有以下几种情形。

1．独立全宗

独立全宗是指一个独立的立档单位在工作活动中形成的各种门类和载体的档案的整体。独立全宗是全宗的主体形式。

（1）人物全宗。这是社会知名人士一生或著名家庭、家族在一定时期内所形成的档案整体。包括其著作、手稿、日记、信件、财务记录、遗嘱和记载其社会活动的各种记录材料。

（2）组织全宗。这是一个主体单位形成的全部档案。

档案馆馆藏档案以每一个独立机构所形成的档案作为一个全宗进行管理。

2．联合全宗

联合全宗是若干独立单位共同形成的档案，由于混在一起，难以区分全宗构成者而联合组成的一个全宗。构成联合全宗有两种原因：一是前后有密切联系、为期较短而又相互更替的单位，其文件材料混在一起很难区分；二是职能上有密切联系的单位，甚至合署办公的单位，其文件材料混在一起无法分开。

3．档案汇集

档案汇集是由不明所属全宗的零散残缺文件，按一定特点集中起来的一种档案混合体。它不是一个全宗，只是作为全宗来进行管理。

4．全宗汇集

全宗汇集是按照一定特征和联系，把档案数量很少的若干全宗组成一个全宗集合体。

5．全宗群

为了维护同一类型或专业系统的若干个全宗的不可分散性，保持文件材料在更大范围内的历史联系，便于保管和开发利用，档案馆可以把同一时期或地区内，在纵向或横向方面具有相同性质的立档单位形成的若干全宗构成一个有机群体，这就是全宗群。

全宗群不是一个固定的实体单位，是档案馆进行全宗排列的一种组合方法，便于对档案进行分群管理。全宗群的组织方法比较灵活，可以按照一定的系统、地区、单位性质或其他方面的联系组成。

四、全宗内档案的分类方法

全宗内档案分类是按照来源、时间、内容和形式等方面的异同，将立档单位的档案划分为若干层次和类别，使其进一步条理化、系统化，构成有机体系的工作。对档案进行科学合理的分类，能有效揭示文件材料间的内在联系，使全宗成为一个有机整体，便于系统地提供利用，对排列、编目等后续工作的开展，以及将来组织库藏和排架管理有重要意义。

（一）常用的全宗内档案分类方法

常用的全宗内档案分类方法有年度分类法、组织机构分类法和问题分类法三种。

1．年度分类法

年度分类法以形成和处理文件的年度为标准，将档案分成各个类别。年度分类法是运用最为广泛的档案分类方法，能够保持文件材料形成时间上的紧密联系，反映一个单位每年工作的特点和发展变化情况，简单易行，适用于组织机构界限不清、档案数量少的单位。

运用年度分类法应正确判定文件的所属年度。文件上有属于不同年度的几种日期，以最能说明该文件特点的日期作为分类的根据。例如，法律、法令和条例等法规性文件，以批准日期为根据（公布生效的文件，以公布日期为根据）；指示、命令等领导性文件以签署日期为根据；会议记录以开会日期为根据；计划、总结、预算、决算、统计报表以内容针对时间为根据，跨年度的计划可放在开始年度，跨年度的总结可放入最后年度。

文件上没有注明日期的，须判定和考证文件的准确日期或接近日期。通过分析文件的内容，研究文件的制成材料、格式、字体和各种标记，或者与已有准确日期的同类文件进行比较、对照来判定该文件的日期。

如果立档单位的主要业务工作是按专门年度进行的，其他工作按一般年度进行，在采用年度分类法时，以专门年度形成的文件材料一般按专门年度归类。与专门年度不一致的按一般年度归类，或者按一般年度与专门年度分别归类，然后有规律地合并在一起，形成交错的年度类别。

2. 组织机构分类法

组织机构分类法是按照立档单位的内部组织机构将档案分成若干类别。组织机构分类法能够保持档案在来源上的紧密联系，归档比较准确，共同来源的文件相对集中，便于查找利用档案，适用于内部机构比较稳定的单位。

运用组织机构分类法应正确判断档案文件所属机构。对涉及几个机构的文件，要遵循有关的规定进行归类；没有统一规定的，一般按发文字号归类；如果是部门代为起草的则归入该部门；联合办理的可归入主办部门或最后承办部门。类别的设置要以机构的构成、工作职能和文件材料状况为依据。

采用组织机构分类法时，中小型单位按照内部第一层次组织机构设置类别，组织机构名称就是类别名称；大型单位类别可划分到内部组织机构的第二层或第三层，先按内部第一层次的组织机构设置一级类别，再在一级类别下按第二层次、第三层次组织机构设置二级类别、三级类别。设置类别层次的主要依据是立档单位内部组织机构设置情况以及文件材料形成数量。

类别排列次序可根据有关文件规定或按照习惯确定。一般是按照先领导机构后下属机构，先综合部门后职能部门的顺序排列。例如，党的机构在前，行政机构在后；办公厅（室）在前，其他处室在后。如果是独立机构则应单独设置一类，排列在最后。如果是合署办公的机构，则归入所附的常设机构之后合成一类。

3．问题分类法

问题分类法是以文件内容所涉及的问题为根据，将档案分成各个类别。问题分类法能够较好地反映文件在内容上的密切联系，使相同性质的档案得到集中，便于档案的查找，但在文件的归类上有一定难度。适用于职能分工界限不清、档案数量较少的单位。

运用问题分类法应合理设置问题类别。要参照立档单位职权范围的基本任务，分析研究其工作性质，根据文件材料形成的实际情况来合理设置类别。

类目设置要符合实际，反映立档单位的主要面貌，按文件的主要内容有规律地归类，不任意划分类别，不随意设置虚类。

类目体系要简明、合乎逻辑。一般情况下，类目设置的层次不宜过多，通常要设置“综合类”，解决一些难以明确归类的文件材料的归类问题。各级分类标准要统一，同级类别的划分只能按照一个标准进行，类与类之间必须是并列关系。归类时，应按照文件的主要内容来归类。

（二）档案分类方法的结合运用

在全宗内档案分类工作中，通常将几种分类方法结合使用，形成复式分类法。如果归档的图书数量大、形式多，单纯采用一种分类方法不能达到实际分类的要求，那么，可以进行多层次分类，将两种或两种以上的分类标准结合运用，不同层次适用不同的分类方法。

1．年度—组织机构分类法

年度—组织机构分类法是先将立档单位内的档案按照年度分类，然后在每个年度内再按照组织机构进行分类。

这种分类方法适用于立档单位内部组织机构时有变化但不复杂的全宗。

2．年度—问题分类法

年度—问题分类法是先将立档单位内的档案按照年度分类，然后在每个年度内再按问题进行分类。这种分类方法适用于内部机构变化复杂、组织机构分工不是很明确、内部机构较少或内部机构间的档案难以区分所属机构的单位。

3．组织机构—年度分类法

组织机构—年度分类法是先将立档单位内的档案按照内部机构分类，然后在每个内部机构下再按照年度进行分类。这种分类方法适用于内部机构比较稳定的单位或撤销单位的档案分类。

4．问题—年度分类法

问题—年度分类法是先将立档单位内的档案按照问题分类，然后在每个问题类别下再按照年度进行分类。这种分类方法适用于撤销机关或历史档案的分类。

在实际工作中，人们往往结合保管期限进行分类。例如，年度—组织机构—保管期限分类法、年度—问题—保管期限分类法、年度—保管期限

—组织机构分类法、年度—保管期限—问题分类法、保管期限—年度—组织机构分类法、保管期限—年度—问题分类法。

（三）全宗内档案分类的要求

为了确保每份文件材料都能正确归类，构成一个适合保管和利用的全宗内档案的有机联系体系，便于科学地管理和系统地利用，为文件材料的组合排列与编目创造便利条件，要按照如下几种科学的原则进行分类。

1. 客观性

分类要从客观实际出发，保持文件材料之间原有的历史联系。应根据全宗内档案形成的特点和档案成分的实际情况，按照文件在立档单位活动中形成的原有联系分类。

2. 逻辑性

全宗内档案的类、属类、细目的等级层次必须分明，等级层次的设立以够用为度。等级层次过多、分类过细，会增加不必要的整理工作量；等级层次过少，分类较粗，则不便于利用。

每一级分类只能使用一个分类标准，并且其标准必须保持一致性，不能使用两个以上标准。

每一级类别必须做到概念明确、范围界限清晰，即同一级类别必须是并列关系，不能互相包容和交叉。

3. 实用性

每个单位工作活动都不是完全一样的，各有侧重点，因而在具体分类时，应该实事求是，根据全宗内档案形成的特点和档案成分的实际情况，选用对档案部门在分类保管、检索、利用方面最有实用价值的分类方法。

4．排斥性

各级分类的结果必须互相排斥，同级分类所得到的属类或细目不能互相包容或交叉。一般应对各类目的范围和归类方法加以说明，使具体归类时易于操作。

5．伸缩性

设计分类方案要从本单位档案和档案工作的实际出发，尽量充分地考虑组织机构、档案内容可能发生的变化，设置类目时应留有余地，以便根据实际情况的变化做适当的增删、调整。

6．联系性

档案是单位在工作活动中形成的。单位活动多种多样，有着各自特定的工作程序和规律。作为工作活动历史记录的档案，必然要揭示这种程序和规律，使档案之间形成有机联系。分类要突出体现档案内容的成套性和档案来源的同一性，保持文件材料之间的联系。

五、对档案进行分类

档案分类是一项选择科学、适用的类目划分标准，合理地组织分类层次及类目内容的工作。档案分类的基本程序如下。

了解文件情况：在单位的工作活动中会不断地产生文件材料。由于单位的工作性质、规模的不同，形成的档案文件的数量、结构、内容也存在差异。因此，要了解清楚形成的档案文件的具体情况，研究全宗的基本构成。

分析单位状况：了解单位职能范围和业务情况，充分考虑单位的大小、内部组织机构的稳定状况和组织机构界限的清晰程度。

选择分类方法：档案分类的方法各有特点，适用范围也不相同。要充分利用单位原有的档案分类基础，依据单位的实际和图书档案的状况选择适用的分类方法，对档案进行分门别类。

文件归类：根据文件的形成时间、形成者和内容，将文件材料归入相应的类别中。

六、整理档案

档案的整理工作包括档案系统化和基本编目两部分内容。系统化包括档案分类、案卷排列和档号编制；基本编目主要是编制案卷目录。整理档案的基本程序如下。

（一）档案分类

将归档的图书分门别类地组织在一起，构成一个有机整体。分类采用的一般方法是，先将图书按形成年度或内容针对的年度分类，同一年度的图书集中在一起，然后再按保管期限、内部组织机构或问题进行分类。

（二）案卷排列

案卷排列是将一个立档单位的全部案卷，按照系统整理的要求，采用一定的方法，确定每个类别内案卷的前后顺序，并保持案卷之间的某种联系的档案整理工作。

全宗内档案经过分类、立卷后，应进行必要的系统排列，将一个年度、一个组织机构的案卷有序化，使卷与卷之间保持一定的联系，系统地反映单位工作的全貌。

全宗内案卷按不同门类、载体和保管期限分别排列。排列方法主要有两种：一是先将案卷按保管期限分类，在同一保管期限类别下再按组织机构或问题类别排列；二是先将案卷按组织机构或问题分类，再按不同保管期限类别排列。

类内案卷排列的方法有很多，一般按照工作上的联系和重要程度、案卷所反映的一定问题及地区、案卷所属的起止日期、文件的作者和名称排列。各种案卷排列方法既可以单独使用，也可以有层次地结合使用。

案卷排列的方法应根据单位的大小、每年组成的案卷数量、以往的案卷排列方法等具体情况而定。一个全宗内不同类别的案卷排列方法可以一致，也可以不一致，但是一个类内一个层次上的案卷排列只能使用同一种方法，要做到方法统一，前后保持一致。

（三）案卷编号

案卷排列好后，根据案卷排列顺序的先后，给每个案卷依次编上一个固定的号码。

案卷目录即案卷的名册，是著录案卷内容和形式特征并按一定次序编排的表册。一个全宗内的全部档案，经过分类、立卷、系统排列后，应将案卷逐个登记，形成案卷目录。案卷目录的项目包括案卷顺序号、案卷标题、卷内文件起止日期、卷内文件张数、保管期限、备注等。

案卷目录一般采用书本式，以档案案卷为基本单位，依据档案整理结果和库藏排架顺序制作。其作用是固定档案实体整理与排架的顺序，揭示一个单位一个年度内形成的全部案卷的状况，便于统计案卷的数量，作为日常保管和查找利用档案的基本依据和向档案室移交档案的凭证，便于从档案形成部门、时间或活动过程角度检索档案。

案卷目录是传统档案管理中最基本的档案检索工具。一般一个单位一个年度内的档案立卷装订完成，就会编一本目录。如果是大型单位，一个年度内形成的档案数量很多，可以编若干本目录。为了便于向档案馆移交档案，易于管理，可以把一个年度内的档案按保管期限或档案种类分别编写目录。

填写案卷目录，要求按照案卷的排列和编号的顺序，将案卷封面上的各个项目逐卷、逐项填入案卷目录表内。

（四）编制档号

档号是反映和固定全宗内案卷及案卷内文件的排列顺序的一组符号。编制档号要遵循唯一性、合理性、稳定性和简明性的原则。

档号由全宗号、案卷目录号、案卷号、件号和页（张）号组成。

全宗号是一个立档单位全部档案的代号。全宗号的编制有大流水编号法和分类流水编号法。大流水编号是按照全宗进入档案馆的先后顺序依次编定的号码；分类流水编号是将档案馆的所有全宗划分大类，以固定的代字或代码作为标志，各大类中按全宗进入档案馆的先后顺序编号。

案卷目录号是全宗内每本案卷目录的排列顺序号。

案卷号是每本案卷目录内案卷排列的顺序号。

件号是针对不装订的案卷，一份文件编一个号。

页号是装订案卷的顺序号。

第四章　档案鉴定、保管与统计

档案作为各项社会活动真实的历史记录，是重要的信息资源。随着社会的进步，经济的发展，档案的数量与日俱增，因此，对档案的价值鉴定就成为保证档案质量，提高档案利用价值的一项重要措施。

第一节　档案的鉴定

档案作为信息资源的重要组成部分，随着经济和社会的发展，数量达到前所未有的规模，重要程度与日俱增。伴随时间的推移，有些档案逐渐失去了保存价值，如果一味地全部保存，追求所谓的“完整”，势必降低档案的整体价值和利用效率。档案鉴定就是去粗取精，关乎档案存亡和提升档案利用效率的重要工作。

一、档案鉴定工作的含义和内容

档案的来源复杂，内容广泛，需要通过鉴定工作鉴别出有价值的档案进行保存，保证入库档案的完整优化，提高馆藏档案的质量。

（一）档案鉴定工作的含义

档案鉴定工作是指按照国家的有关法规和标准，甄别和判定档案价值，确定其保管期限，分别加以保存，并对没有保存价值的档案予以销毁的一项工作。

一般来说，档案鉴定工作包括两个方面的内容：一是对档案文件真伪的鉴定，判定档案的形式和内容是否属实；二是对档案文件价值进行区分，根据档案价值的大小，决定档案保存时间的长短。在档案馆（室）进行的鉴定工作主要是鉴定档案的价值。

（二）档案鉴定工作的内容

档案鉴定在整个档案工作中具有重要的地位和作用，概括起来有如下三个方面：一是判定文件有无保存价值，对没有保存价值的不予归档保存；二是进一步鉴别已归档文件的保存期限，分别加以对待；三是对保存期限已满或者确定没有保存价值的档案，依照制度、规定进行销毁或作出相应处置。具体来说，档案鉴定工作的内容包括：制定鉴定档案价值的有关标准、制度、规定和档案保管期限表；根据档案价值的鉴定标准、制度和规定，评定档案的价值，确定其保管期限；对已无保存价值的档案或保存期满的档案进行鉴定，确定哪些档案应当继续保存及保存的期限，确定哪些档案可以不予保存及相应的处置方式。

二、决定档案价值的因素

档案价值一般是指档案对于人们和社会的意义与作用，对于经济发展、文化建设以及科学技术繁荣等方面的作用。决定档案价值的因素，可以归纳为两个方面，即档案本身因素和社会对档案利用需求因素。

（一）档案本身的特点和状况

档案的自身因素包括内容、来源、形式及其他各种情况，其中内容是影响档案价值的首要因素。档案内容所记载的信息是否客观地反映了实际情况，是否符合客观规律，在工作和生活中重要程度如何，所起的作用和地位怎样等，都直接影响着档案的保存价值。例如，宪法、法律以及一些政策性、法规性文件，由于其内容非常重要，所以价值自然较大；相对来说，普通的事务性文件，因其重要程度较低而价值相对较小。

（二）社会利用需求

社会对档案的需求是多层次、多方面的。需求和价值息息相关。国家各项事业、各项工作对档案利用的各种需求，影响着档案的价值。某方面无意义的档案，可能对其他方面具有查考价值。离开社会需求，档案价值将无从实现。例如，证明个人学历需要查考入学登记表、审批表、学籍册、毕业生登记表等内容；证明个人履历需要查考干部任命通知书、干部登记表、职工名册等内容。利用需求决定了相关文件材料的价值。

决定档案价值的两个方面的因素是相互作用相互统一的。档案客体是档案社会价值的物质承担者；利用档案的需求是档案价值实现的社会条件。这两个方面的因素都是客观存在的。

三、鉴定档案价值的标准

鉴定档案的价值应当以反映本单位的主要职能活动为出发点，以分析档案内容为中心，结合考虑档案的作者、形成时间、名称、完整程度、可靠性、有效性以及外形特点等因素。要研究以往对该档案的利用情况，全面估计和预测档案的利用需求，正确判定档案的价值。档案价值鉴定的标准具体包括以下几个方面。

（一）鉴定档案价值的基本观点

1. 全面的观点。首先，档案的作用是多方面的，考虑档案的价值时要从它的多个作用出发。鉴定时，不仅要看到局部，还要看到整体，既要考虑本单位的利用，也要考虑社会的需求。其次，从档案间的相互联系分析其价值。鉴定时，要看到全宗之间及全宗群的关系，甚至要考虑到全部档案。最后，要从档案移交到档案馆的角度考虑，既要考虑进馆档案的完整性，也要考虑避免馆内档案的过多重复。

2. 历史的观点。档案本身是在一定的历史条件下产生的，是历史的真实记录。鉴定档案应当用历史唯物主义的观点来分析档案的价值。根据档案产生的时代背景、具体的事件、本身的历史作用等方面来判断档案的价值。

3. 发展的观点。社会是不断向前发展的，这决定了档案的价值会不断发生变化。鉴定档案既要看到档案的当前作用，也要估计和预测档案的将来作用，为子孙后代利用档案着想。

（二）档案来源标准

档案的来源是指档案的形成者。档案形成者在社会上或单位内的地位、作用和职能会影响甚至决定档案的价值。可从以下三个方面分析文件的来源：首先，看文件与立档单位的关系。文件与立档单位的关系越密切，文件的保存价值就越大，如本单位的一些重要文件。其次，看立档单位在社会上的地位和作用。一般认为，社会影响较大的领导机关、重要单位、著名人物形成的档案往往具有重要的保存价值。最后，看文件的责任者。一般来说，上级机关文件的价值大于本机关或下级机关文件的价值，本机关文件的价值大于外机关的文件价值，以机关名义发出的文件的价值大于机关内以组织机构名义发出的文件的价值。

（三）档案内容标准

档案内容是决定档案价值最重要、最本质的因素。对档案内容的分析可从以下四个方面入手：

1．档案内容的重要性。无论在工作还是生产中，在维护国家、集体和个人权益以及科学研究、总结经验等方面，具有证据性、查考性作用的档案都具有较高的价值。一般来说，具有科学研究和实际查证意义的文件，具有较大的保存价值。以全宗档案为例，反映全宗立档单位主要职能活动和基本历史面貌的文件，具有较大的保存价值；反映一般事务性活动、内容重复的文件，其保存价值较小。

2．档案内容的独特性。档案内容的独特性是指档案形成者特定活动的原始记录，因孤本而稀有，其内容独一无二。独特性决定了档案具有特有的价值。

3．档案内容的时效性。文件作为记录事实、传递信息的工具，在行政、业务上具有一定的时效性。根据文件内容的不同，其时效性对档案价值的影响程度也不尽相同。

4．档案内容的真实性和完备性。除上述内容之外，对档案内容的真实性、完备性等也要加以考察，以准确把握档案的价值。

（四）档案形式特征标准

档案的形式特征包括文件的名称、责任者、形成时间、载体形态、记录方式等。在某种情况下，这些形式特征也可能对档案的价值产生影响。

1．文件形成时间。甄别档案的价值要看其产生时间离现在的远近和处于什么历史时期。一般来说，档案产生的时间距现在越远，保留下来的越少且鲜为人知，其价值越显珍贵。

2．文件名称。不同名称具有特定的性能和用途，可以在一定程度上反映文件的价值。例如，法律、条例、决定、命令、指示、会议记录等文件，其保存价值往往大于一般的通知、简报、来往信函等文件。

3．文件的稿本。同一文件的不同稿本，由于可靠程度方面的差异，其价值也不相同。一般来说，定稿、正本的保存价值往往大于草稿、副本。

4．文件的外形特点。文件的外形特点在一定程度上也会影响其保存价值。文件的制成材料、制作方法、笔迹、图案等，凡有历史、文化、科学研究等方面特殊意义的，则文件的本身价值相对提高；有一定价值的文件，如外形已被破坏得无法修复，也会失去其原有的价值。

（五）档案相对价值标准

在一定的情况下，某些文件的保存价值和保管期限可以相对地提升或降低。在鉴定工作中，主要依据三个方面的情况判断档案的相对价值：一是所存档案的完整程度；二是档案内容的可替代程度；三是看本机关是否向档案馆移交档案，不需要移交的主要根据本机关的需要划定档案的保管期限，需要移交的根据档案管理要求确定保管期限。

在根据上述标准鉴定档案价值的时候，要始终坚持辩证的思维方法，综合考察文件各方面的特点和作用，全面、联系地把握档案的价值，切忌机械、片面地强调某方面而忽略其他方面。

四、档案保管期限表

档案保管期限表是用表册的形式列举档案来源、内容和形式，并指明其保管期限的一种指导性文件。它是鉴定档案价值、确定档案保管期限的依据和标准。运用档案保管期限表鉴定档案，可以避免在鉴定档案价值过程中出现过宽或过严的倾向、错误地销毁档案，以提高鉴定工作的质量和效率。同时，依据档案保管期限表可将具有不同价值的文件组成不同的案卷，并初步确定其保管期限，有利于档案的管理。

（一）档案保管期限表的类型

1．通用档案保管期限表。通用档案保管期限表，概括了全国各机关、团体、企业和事业单位普遍产生的文件及其保管期限。档案保管期限表的特点包含两个方面：一是通用性，可供全国各机关、团体、企事业单位使用；二是依据性，各系统、各机关、各单位可以按照通用档案保管期限表的原则，结合自身的情况判定档案保管期限。

2．专门档案保管期限表。专门档案保管期限表是由国家档案行政管理机关会同有关主管部门编制的，是各机关、团体、企业和事业单位鉴定专门性档案时通用的依据和标准。

3．同系统机关档案保管期限表。同系统机关档案保管期限表是由主管领导机关编制的，供同一系统内各机关、单位鉴定档案价值时使用的档案保管期限表。

4．同类型机关档案保管期限表。同类型机关档案保管期限表是由档案事业行政管理部门或主管领导机关编制的，供同类型机关（如学校、医院、政府机关等）鉴定档案时使用的档案保管期限表。

5．机关档案保管期限表。机关档案保管期限表是由各级机关编制，供本机关、单位鉴定档案时使用的档案保管期限表。

（二）保管期限

2006年9月19日，国家档案局局务会议审议通过并公布了《机关文件材料归档范围和文书档案保管期限的规定》，该规定将过去“永”“长”“短”的保管期限划分改为“永久”和“定期”两类，定期一般分为30年和10年。

1．永久保管的档案。

（1）本机关制定的法规政策性文件材料。

（2）本机关召开重要会议、举办重大活动等形成的主要文件材料。

（3）本机关职能活动中形成的重要业务文件材料。

（4）本机关关于重要问题的请示与上级机关的批复、批示，重要的报告、总结、综合统计报表等。

（5）本机关机构演变、人事任免等文件材料。

（6）本机关房屋买卖、土地征用等重要的合同、协议、资产登记等凭证性文件材料。

（7）上级机关制发的属于本机关主管业务的重要文件材料。

（8）同级机关、下级机关关于重要业务问题的来函、请示与本机关的复函、批复等文件材料。

2. 定期保管的档案。

（1）本机关职能活动中形成的一般性业务文件材料。

（2）本机关召开会议、举办活动等形成的一般性文件材料。

（3）本机关人事管理工作形成的一般性文件材料。

（4）本机关一般性事务管理文件材料。

（5）本机关关于一般性问题的请示与上级机关的批复、批示，一般性工作报告、总结、统计报表等。

（6）上级机关制发的属于本机关主管业务的一般性文件材料。

（7）上级机关和同级机关制发的非本机关主管业务但需要贯彻执行的文件材料。

（8）同级机关、下级机关关于一般性业务问题的来函、请示与本机关的复函、批复等文件材料。

（9）下级机关报送的年度或年度以上计划、总结、统计、重要专题报告等文件材料。

另外，根据《机关文件材料归档范围和文书档案保管期限的规定》，机关形成的人事、基建、会计及其他专门文件材料的归档范围和档案保管期限，按国家有关规定执行。

五、档案鉴定工作的组织

档案价值鉴定是一项涉及档案命运的严肃工作，应定期进行，由立档单位根据实际需要确定具体工作，以严密的组织和程序作为保证。

（一）档案馆（室）鉴定工作的组织

根据归档鉴定的内容，对归档鉴定的组织实施可以分为两个阶段进行。

1．建立档案鉴定工作机构。档案馆建立档案鉴定委员会，档案室建立档案鉴定小组，负责组织领导档案价值鉴定工作和审查鉴定结果。其成员包括档案馆（室）负责人、档案工作人员、档案形成部门人员，以及同级档案行政管理机关人员等。机关档案鉴定小组组长一般由本机关办公厅（室）负责人担任为宜。

2．由档案人员和形成部门（单位）联合提出鉴定意见，送交鉴定委员会（小组）审查后呈报上级机关领导批准。

（二）档案销毁工作的组织

1．履行审批手续。对确实失去保存价值需要销毁的档案登记造册，由档案人员和形成部门（单位）联合提出销毁意见，送交鉴定委员会（小组）审查，再呈报分管领导或上级主管机关批准。

2．实施档案监销。销毁档案要指定两名或两名以上档案工作人员具体负责在指定地点监督销毁，监销人员要对销毁档案与销毁档案清册登记的内容认真核对，确认无误后进行销毁。

3．档案销毁总结。销毁完毕后，监销人员必须在销毁档案清册上签章，将销毁档案清册归档。

第二节　档案保管工作

档案保管是进行档案实体管理的重要内容之一，是根据档案的成分和状况所采取的存放和安全防护措施。

一、档案保管工作的任务

档案在保存过程中可能因人为因素和自然因素的影响，而受到损害或破坏。档案保管工作的任务，就是了解和认识档案损坏的原因和规律，通过经常性工作，采取专门的技术措施，最大限度地防止和减少档案的损毁，延长档案的寿命，维护档案的系统性和完整性，保证档案的安全。

（一）防止档案的损坏

防止档案的损坏是档案保管工作中最主要的一项任务。从总体上看，档案的损坏是不可避免的，这就要求我们必须采取必要的措施，尽可能地消除危害档案的因素，改善档案保存的环境，做好日常保管和保护档案的工作，让档案得到更妥善的保护。“以防为主，防治结合”，是保管和保护档案的基本思想和原则。

（二）延长档案的寿命

延长档案的寿命是档案保管工作的总体目标。防止损坏只是手段，延长寿命才是目的。所有保护措施和技术手段都应该围绕延长档案的寿命展开。为保证档案的长期利用，必须采取积极的措施，从根本上改善档案的存储条件，提高档案的修复技术，延长档案的寿命。

（三）维护档案的安全

维护档案的安全，一方面是指档案作为一种物质存在的形态必须最大限度地安全存在，另一方面是指不能因为保管失当或条件恶劣而使档案丢失或发生泄密，造成政治上的不良后果，这也是保管工作的重要任务所在。

二、档案保管工作的基本要求和意义

（一）基本要求

1. 以防为主，防治结合。在对档案进行保管和保护时，提倡以防为主，防治结合的原则。“防”就是预防档案文件的破坏，防止或减缓各种不利因素对档案造成的损坏；“治”是对已经遭受损害的档案进行修裱、复制，以尽可能恢复其原貌，或使档案的损害得到控制，不再蔓延。

2. 加强重点，照顾一般。对永久保管的档案和重要立档单位的档案应采取措施进行重点保护，尽量延长档案的寿命。一般性档案也要尽力改善其保存条件，做到适当兼顾。

3. 处理好保管与其他业务环节的关系。档案保管工作是整个档案工作的有机组成部分，它与档案工作的其他工作环节有着密切联系。档案在收集、整理、鉴定、统计和提供利用等过程中，可能遭到某些不利因素的损害。因此，必须明确档案工作各环节对保管工作的制约关系。

4. 立足长远，保证当前。档案保管工作既要着眼于党和国家的长远利用，又要保证当前各项工作的现实利用。立足长远与保证当前，都是档案保管工作的目的。

（二）意义

档案保管工作质量的高低，对提高档案管理水平具有重大的影响。档案保管工作是整个档案工作的有机组成部分之一，最终目的是保证党和国家各项工作对档案的利用。

档案以一定的物质形式存在，其中有一部分要永久保存，造福子孙后代。但是，随着社会的发展和时间的推移，档案的数量和成分在日益增加，而档案又处在不断损毁的过程中。对处于不断损毁的档案，要通过档案保管工作，来解决安全留存的需求和档案可能损坏之间的矛盾。

三、档案库房建设

（一）档案库房选址

档案库房选址要符合以下要求：远离易燃易爆物品的场所，处于污染腐蚀源的上风向，避免高压架空电线穿过，位于地势较高、场地干燥、排水畅通、空气流通、环境安静的地段，建在交通方便、便于利用、城市公共设施较完善的地区。

（二）档案库房建筑设计

库房的结构、空间、屋顶隔热、保温、门窗、各类装具布置等的设计和建造，应根据不同等级、不同规模进行，应符合有关规范、规程的要求。档案库房适宜建成防热性能良好，排水效果更强的坡顶房屋。屋顶需做专门的防热和防水处理，颜色最好以浅色为主。外墙需做隔热和防水处理，墙壁可以采取加厚、填充隔热材料或修成空气间层墙体来隔热和防潮；墙面最好刷成浅色，表面尽可能光滑。库房尽量不要有西晒，不能有渗水现象，地面应该进行专门的防潮处理。

四、档案装具

档案装具是指档案库房内存放档案的箱、柜、架等设备，是档案存放和保管必须具备的基本物质条件。档案装具一般可以分为档案箱、档案架和档案柜等。

（一）档案箱

档案箱一般为金属制品，五个为一套叠放使用。与其他档案装具相比，档案箱更加便于挪动，能防火、防光、防尘，可减少外界不利因素对档案的影响。但造价较高，而调用档案不如档案架方便。

（二）档案架

档案架一般为金属制品，能够充分利用库房的空间，存取档案方便，利用效率高，但要求具有较理想的库房保护条件。

1. 活动式密集架。活动式密集架分为手摇式、电动式和智能式三种。其优点有：容量大、占地小、可自由组合、防尘、防光、防火。其缺点有：体积大、负重大、库房需按其负载能力设计和建造，地面还要铺设小铁轨；费用较高，一般单位难以承受。

2．双面栏架。双面栏架用金属材料制成，分为单柱式和复柱式两种，固定安装，装载量大。但不易搬迁，安装时必须充分考虑库房布局和技术要求，一次性定位。

（三）档案柜

档案柜多为金属结构，一般与五节档案箱高度大体相同。其最大的优点是坚固耐用，防火、防潮、防盗、防光等性能良好。但档案柜移动不便，造价略高。

1．旋转柜。旋转柜由多面体木柜和金属支架组成，固定安装，查档时存取方便，但装载量小，占地面积大，经常旋转存取易使档案受损，防火、防盗、防潮性能较差。

2．普通木柜。普通木柜有的外装金属板以防火、防盗，其防潮性能较好。

3．五节铁皮柜。五节铁皮柜的优点有防尘、防光、防火、防盗、易搬迁。根据国家规定和相关标准，五节铁皮柜需由档案行政部门负责监制。

五、档案包装材料

使用档案包装材料是使档案减少磨损、保护档案价值的必要措施。常用的档案包装材料一般有卷皮、卷盒和包装纸等。

（一）卷皮

卷皮是包装档案的基本材料，卷皮的规格（长×宽）一般为300mm×220mm或280mm×210mm，厚度有10mm、15mm和20mm三种。卷皮分为硬卷皮和软卷皮两种，软卷皮必须与卷盒同时使用。

（二）卷盒

卷盒是一种较好的档案包装材料，能够减少档案的机械磨损，便于档案的管理，且整齐美观。但是，卷盒占用库房的面积较大，制作卷盒的成本也比较高。卷盒的规格（长×宽）一般为300mm×220mm，厚度有30mm、40mm和50mm三种。

（三）包装纸

对于那些既不适于装订也不便于卷盒存放又不经常使用的档案，可以用拉力较强的纸张包装起来，此为包装档案的应急措施。

六、档案库房管理

（一）柜架排放与编号

柜架排放一致，横竖成行；与窗垂直，通风防光；距墙10厘米，行距80厘米，不仅防潮，而且便于管理。

统一编制柜架号、栏格号。编制方法：柜架号按入门处自左到右的顺序编制；栏格号按柜架从上到下依次编制，以便存取档案。

（二）档案的排列存放

档案应按一个全宗接一个全宗的顺序依次集中排列，不得打乱全宗混合排列。特殊档案，如声像、技术图纸等，应按专门的规定排列。

各全宗应按分类顺序排列，不得打乱类别顺序混合排列，排定后应编制库房号、柜架号、栏格号，以便存取。

案卷一般应竖放，特殊档案（如宽幅面图纸）可平放，但要注意存取方便性和防止重压受损。声像档案应按载体材料的特殊要求排放。

（三）档案存放管理

1．编制档案存放位置索引。可采用表格（目录）式索引和示意图式索引两种方式。

2．制作档案代理卡（又称代卷卡）。这种卡片放在移出案卷的空位上，卡片的内容包括案卷名称、档号、去向、移出时间等，以便检查、清点库房案卷和及时催还。

3．建立全宗卷。全宗卷是档案室（馆）在管理一个全宗的过程中把反映该全宗历史情况的文件材料按一定要求组成的专门案卷，它不属于档案的范围，但需要作为档案来管理。其文件材料主要有：该全宗案卷的立卷说明、分类方案、鉴定报告、交接凭证、剔除案卷的销毁清册、检查记录及全宗介绍材料。

（四）档案库房温、湿度控制

库房内的温、湿度是直接影响档案寿命的环境因素。因此，库房温、湿度的控制与调节是档案保管工作的一个重要部分。

温、湿度控制要求：

1．较为适宜的库房温度为14℃~24℃（±2℃），相对湿度为45%~60%（±5%）。

2．为了掌握库房温、湿度情况，每天要定时做好温、湿度测量记录，注意温、湿度的调节和资料的积累，以便分析其特点和规律，制订科学的管理计划。

3．库房内应安装温、湿度测量仪、去湿机、空调等设备并注意维护。

4．柜架排放要保持规定的距离，以保证通风。

5．新修库房应在6~12个月以后才能装进档案。

（五）“八防”措施

1．防虫与防霉。

（1）应设置消毒设备，新档案入库前要进行消毒和除尘。

（2）定期检查并及时处理虫、霉、尘等有害物。

（3）配备吸尘器，加装密封门或过渡门，安装空气过滤器，防止灰尘和有害气体进库。

（4）加强库房周边的绿化和及时排除污染源。

2．防火与防盗。

（1）建立、健全安全制度并坚持贯彻落实。

（2）配备气体消防设施和防盗、防火装置，经常检查并及时排除各种隐患和险情。

（3）加强安全教育和安全意识，培训消防技能，建立消防组织，制定应急方案，一旦发生灾害，积极有效地抢救档案和消灭灾害。

3．防光与防尘。

（1）库房的窗户要少。

（2）在库房窗户玻璃上采取一定的措施，如加设百叶窗、使用毛玻璃、在窗户玻璃上涂刷紫外线吸收剂等。

（3）避免自然光源，采用人工光源，选用白炽灯。

（4）正确选择档案库房的地址，不宜选在工业区、大居民点或繁华的街道上。

（5）档案库房要密闭。

（6）在档案库房周围进行绿化，使用空调装置净化和过滤灰尘与有害气体。

（7）做好库房清洁卫生工作。

4. 防水与防潮。

（1）库房内及附近不能有水源。

（2）防止水进入档案库房。

（3）掌握库房内的湿度变化情况，比较库内外湿度。

（4）库内湿度大于库外湿度时，采取抽风、排气、打开库房门窗进行通风或关闭门窗启动除湿机等措施；库内湿度小于库外湿度时，采取关闭门窗等措施。

（六）保管状况检查

（1）定期检查。定期检查期限不宜过长，一般以半年为宜，最长不超过1年；应勤查勤看，以便及时发现问题和妥善解决。还要定期（以3个月为宜）抽查档案并做好情况记录，以便积累资料，制定科学的管理措施。

（2）不定期检查。不定期检查通常是在发生灾害或事故（水灾、火灾、地震、盗窃等）时，及时检查档案受灾、受损情况，并做好检查记录。在检查中发现的问题，如不能自己解决的，要及时报告上级主管或有关领导，请求予以解决。

第三节　档案统计

一、档案统计工作的任务和内容

（一）档案统计工作的任务

档案统计是运用一系列统计技术和方法，以表册、数字的形式揭示档案和档案工作的有关情况。它是了解、认识和掌握档案工作总体情况的重要手段。

从统计的对象来看，档案统计分为对档案实体及其管理状况的统计、对档案事业的组织与管理状况的统计两方面。

档案统计的任务是对档案和档案工作的发展情况进行统计调查、统计分析，提供统计资料，实行统计监督。具体来说，包括对档案馆（室）档案数量的统计、对档案工作的统计以及档案事业基本情况统计年报。

目前，我国档案工作的基本情况统计分为四个层次：①全国档案工作基本情况统计；②专业系统档案工作基本情况统计；③地方（包括省、市、地、县各级）档案工作基本情况统计；④档案馆、档案室档案工作基本情况统计。

（二）档案统计工作的内容

1．档案构成统计。档案构成统计是档案部门全部档案材料现有数量和状况的一种统计。要求将保管的全部档案以其来源性质分组，并以此说明现有档案的数量和状况。

2. 档案利用统计。档案利用统计是一种对各种类型档案利用的情况和程度的统计。

3. 档案工作人员情况统计。档案工作人员情况统计对于研究档案工作人员的需求量、各种干部的比例、各档案馆干部的对比分析和平衡、培训工作的安排等，具有重要的作用。

4. 档案馆建设状况统计。档案行政管理机关的任务之一，是负责档案馆网的规划与筹建。档案馆建设状况统计对于研究我国档案事业的发展，具有重要意义。

5. 档案室建立情况统计。档案室是机关工作的重要组成部分，是现行机关档案集中保管的机构。档案行政管理机构及时了解档案室建设的情况是非常必要的，需要对档案室的建立情况进行统计。

二、档案统计调查

（一）档案统计调查的任务

档案统计工作是从统计调查开始的。档案统计调查不同于一般调查，它的基本任务在于获取大量的调查单位的真实材料。

（二）档案统计调查的基本形式

1. 统计报表。统计报表是下级档案行政管理机关和档案馆（室），按照统一的规定向上级机关以报表的形式定期报送的文件，是档案统计中最基本的、最常用的一种形式。其主要特点是：填报单位以原始记录为依据，按照规定的格式、统一的计算方法和一定的期限填送报表。统计报表对档案行政管理部门搜集必需的资料、及时掌握情况、发现问题、进行指导、安排与改进工作是十分必要的。

2．专门调查。专门调查是出于某一特定需要，按专门的目的临时组织的专题性质的调查活动，是统计报表的一种补充形式。其遵循的原则是：以实事求是的态度搜集真实可靠的资料；对不同的对象采取不同的调查形式和方法，各种形式和方法合理结合；遵守观察的同时性和定期性。专题调查的要求是：确定统一准确的调查目的和任务、调查对象、调查单位和报告单位、调查时间和地点、调查方法及纲要，使统计调查按照最必要的项目和统一的口径进行，从而取得原始资料，并对其进行综合分析。专门调查汇总的档案统计资料丰富，对档案行政管理部门实现自己的任务、指导和规划工作具有重要作用。

三、档案的登记

档案登记就是以簿、册、表、单等形式，对档案的收进、移出以及整理、鉴定、保管、利用等情况加以记录，以揭示它们的过程、现状和变化。档案登记是档案统计的原始记录形式，是维护档案的完整与安全的必要手段之一，其形成的数据是档案统计的基础资料。

（一）档案数量状况登记

1．卷内文件目录与案卷目录。卷内文件目录是对卷内单份文件进行登记，是档案整理工作中的一项编目工作，具有对案卷内文件进行保管和数量统计的作用。案卷目录是登记每一个案卷标题及其他基本状况的簿册，是统计已整理编目档案的最可靠的基础材料。

2．档案收进登记簿。这是专门记录档案进入档案机构情况的一种登记形式，主要应用于档案馆和规模较大的档案室，具体形式一般为簿册式。其基本登记以档案进入档案机构的次数为单位进行登记，即每收进一次档案，无论其数量及全宗所属情况如何，都要在收进登记簿上登记为一个条目。

3．全宗名册。全宗名册是登记档案馆所保存的每一个全宗的名册，是档案馆统计全宗数量和固定全宗号顺序所用的工具，也是档案馆和规模较大且保管了多个全宗的档案室对其所管全宗进行逐个登记的一种形式。

4．全宗单。它是详细登记每一全宗情况的登记形式，主要应用于档案馆和保存了较多全宗的档案室。全宗单一般为单页式，每一张全宗单登记一个全宗的详细情况。

5．全宗卡片。它是档案行政机关要求档案馆报送的一种形式。其作用和目的是随时掌握各档案馆中所存档案全宗的基本情况，且与《档案成分和数量变化情况报道表》结合使用。

6．档案成分和数量变化情况报道表。此表是档案馆按要求向档案行政机关报送的一种登记形式，旨在随时报告其所管档案（以全宗为单位）的变化情况。档案行政机关根据报道内容，随时在全宗卡片上进行补充性登记。

7．案卷目录登记簿。它是对所有案卷目录进行登记的一种登记形式，主要应用于档案馆和案卷目录数量较多的档案室。其登记方法是以案卷目录的本册为单位进行登记，每一本（册）案卷目录登记为一个条目。

8. 总登记簿。总登记簿登记的内容包括案卷收入、移出和总结三个部分。它与会计部门的总账一样，是全面系统地记录反映档案的收进、移出情况及档案数量变化情况的一种登记形式，主要应用于档案室。

（二）档案工作状况登记

1. 工作日志。工作日志是许多重要的社会行业中普遍采用的一种基本的工作登记形式。其作用与目的在于逐日记录每一天的工作内容及其进程问题，积累详尽的工作原始记录，为日后的查考和总结提供素材。一般应包括日期（年、月、日、星期）、时间（上午、下午或具体时刻）、工作内容、工作量与进度、工作中的问题及处置情况、每周或每月的统计、小结等。

2. 人员进出库房登记。这是库房管理的一种具体手段，一般采用登记本的形式。登记本一般应放置在库房入口处；工作人员及其他人员每次进出库房均应在登记本上登记。登记项目一般应包括日期、进出库房人员姓名、进出库房时间（时刻）、进库事由等。

3. 档案出入库登记。这也是库房管理的一种具体手段，一般也采用登记本的形式。其具体的登记项目一般应包括档案出库的日期、时间（时刻）、档号及数量、原因（即用途）、归入日期及时间（时刻）、经手人等。

4. 档案清点、检查登记。它是对定期或不定期进行的档案清点和检查情况所作的登记。其登记内容应涉及清点、检查的日期、原因，清点、检查过程中所发现的情况及问题，清点、检查的结果（结论），从事清点、检查的工作人员姓名。

5．档案利用登记簿。它是一种全面、系统地记录档案提供利用情况的综合性登记形式。它既是档案机构记录、掌握提供利用情况的一种登记形式，又是档案机构向利用者具体提供档案时履行交接手续的一种交接凭据。

6．利用者登记卡片。它是档案馆和规模较大的档案室对利用者进行记录、备案的一种登记形式。

7．档案借出登记簿。它是专门用于对档案被借出档案机构之外的情况进行登记的一种登记形式，档案馆和档案室均可使用。

8．档案复制、摘抄登记。它是专门用于对档案在利用过程中被复制、摘抄情况进行登记的一种登记形式，同时具有提出复制、摘抄申请，履行批准手续和确认复制、摘抄事实的凭据性质。

9．利用效果登记。利用效果登记实质上是档案机构对档案每一次利用的成效结果所进行的跟踪调查。这种跟踪调查性质的登记，对于档案机构调整、改进自己的工作具有重要意义。

四、档案统计工作的意义和要求

（一）档案统计工作的意义

档案统计是对档案工作中的现象、状态、程度进行量的描述与分析，为完善档案管理提供真实的数据和资料。档案统计能够对档案工作进行定量分析和认识，以指标数字揭示档案和档案工作中诸现象的发展过程、现状及其一般规律。其意义有：

1. 档案统计工作是认识档案工作的重要手段。档案统计以档案工作中的现象为对象，以指标数字揭示档案和档案工作的发展过程、现状及其一般规律，帮助人们加深对档案工作的认识，掌握档案工作的基本规律。

2. 档案统计工作是档案事业建设的一项重要基础工作。建立并健全科学的档案统计工作，可以准确地反映各级档案部门工作的真实情况，便于对各级档案部门的工作进行分析和比较，便于科学管理档案，有针对性地指导、监督和检查档案工作，提高档案工作水平，充分发挥档案的社会效益和经济效益。

3. 档案统计工作是制定档案工作的方针、政策和计划的依据。档案统计数字，能系统地反映档案形成数量、速度与馆藏档案的状况和变化，以及利用档案的频率和发展趋势；能反映档案部门的工作量，人力、物力、与财力的需求量；能反映档案事业在社会和经济发展中的地位和作用，为档案事业的决策和编制发展规划提供可靠的科学数据。

（二）档案统计工作的要求

1. 保证统计资料的准确性。这是对档案统计工作的首要要求。档案统计必须依据统计法规，如实提供统计档案资料，不得虚、瞒、拒报，不得伪造和篡改。要认真地对待每一份表格、每一个栏目、每一个数字，务必使统计数字准确，符合客观事实。

2. 保证统计工作的科学性。遵循国家统计工作的要求，执行《中华人民共和国统计法》的规定，用科学的标准和方法收集、整理、分析统计资料。制定全国通用的档案统计报表，制定统一的格式、口径和标准，明确统计的范围、内容、项目和要求，逐步实现统计指标体系完整、统计分类标准化、统计调查工作科学化、统计基础工作规范化、统计计算和数据传输技术现代化、统计服务优质化。

3. 保证档案统计的及时性。档案统计工作的及时性是指必须按时报送统计资料。如果统计资料上报不及时，就会贻误整个统计工作的进行，错失时机，档案统计工作就起不到应有的作用。因此，要切实遵守统计制度和纪律，严格按照规定时限上报有关统计资料。

第五章　档案的检索、利用与编研

档案检索工作是指为促进档案信息的开发利用，采取科学的手段，建立档案检索体系和利用检索体系为利用者提供档案信息查询服务。档案利用工作是档案工作的根本目的之一。档案编研工作是以库藏档案为主要研究对象，以社会需求为目的，通过对档案内容的编辑、归纳，形成系统的档案信息加工品，主动、直接地为社会各方面工作服务的一项工作。

第一节　档案检索工作

档案检索工作是指为促进档案信息的开发利用，采取科学的手段，建立档案检索体系和利用检索体系为利用者提供档案信息查询服务。

一、档案检索工作概述

档案检索就是把档案的内容和特征，存储在各种检索工具中，满足档案利用者的需要，方便利用者快捷、准确地把档案查找出来的一种引导工作。档案检索是开展档案利用、开发档案信息资源、充分发挥档案作用的必要手段。

（一）档案检索的内容

档案检索工作包括两个方面的内容：一是编制档案检索工具，建立检索系统；二是利用这套检索工具为档案利用者提供查找检索服务。具体情况如下。

1. 建立档案检索体系。这部分内容需要对档案的特征进行描述与标识，需要将每个文件或每个案卷变成一条具有关键词的记录或一个条目。然后对这些记录和条目进行系统整理、科学排序，形成不同的档案检索工具。具体工作分为以下两个方面。

（1）著录标引。即在编制档案检索工具时，对档案的内容和形式特征进行分析、选择和记录，并借助检索语言（如分类号、主题词等）将档案主题转换成规范化的检索标识的过程。

（2）建立档案检索工具体系。即按不同的检索标识对著录标引后形成的档案条目进行系统排列，形成不同类型的档案检索工具。

2. 档案信息查询服务。这部分内容是利用各种工具为档案利用者提供各种查询服务，需要迅速、准确地检索出利用者所需要的档案。具体也包括两个方面的工作。

（1）接受查询。即根据利用者的要求，制定检索策略，确定查找范围。

（2）查询服务。即根据检索策略，综合运用档案检索工具，找出利用者所需要的档案。

（二）档案检索的意义

档案检索工作具有重要的意义，具体体现在：

1．检索是档案利用工作的关键。检索工作在档案使用管理工作中占有相当重要的地位。

各级档案馆（室）在开展利用工作之前，必须先花大量的人力、物力，认真做好档案检索工具的制作，备好各种检索工具和检索手段，这是档案开发利用工作的关键。

2．检索是档案馆利用工作水平的标志。能否及时、快捷、准确、系统地为用户提供所需要的档案是衡量档案馆工作的重要标准。

档案检索工作是档案馆把死资料变成活资料的关键，是档案开发利用工作的前提条件，也是衡量档案利用工作好坏的一个标志。

3．检索是档案业务工作的一个重要学科。在档案管理信息化的今天，检索工作越来越成为一门重要的学科。它具体解决如下问题：如何在网络上让更多的用户快速、方便地获得其需要的信息；如何使档案信息让更多的人同时共享；如何在海量用户检索共享时不会出现信息堵塞；如何做好网络信息检索和共享使用中的安全控制；如何防止黑客对检索系统的恶意攻击等。

二、档案检索工具

档案检索工具，是帮助用户迅速找到所需档案的工具，是档案馆为用户提供档案利用的手段。

（一）档案检索工具的分类

根据不同的标准，档案的检索工具会有不同的分类。常见的档案检索工具分类方法主要有以下几种。

1．按编制体例划分

按编制体例划分，档案检索工具可分为目录、指南和索引三种。

（1）目录。目录是将档案的著录条目，按照一定的次序进行编排而形成的检索工具。例如，案卷目录、文件目录、分类目录、主题目录和专题目录等。其特点是著录内容比较详细，能比较全面地反映某一特定检索对象的内容和形式特征。

（2）指南。指南是以文章叙述的方式，综合介绍档案馆和档案全宗情况的一种检索工具。例如，全宗指南、专题指南和档案馆指南等。其特点是内容详尽，可作为公开交流的资料。

（3）索引。索引是将档案材料的某一内部或外部特征及其出处按照一定的原则和方法排列起来而形成的检索工具。例如，文号索引、人名索引和地名索引等。其特点是可以满足利用者对某些具有共同特征或反映同一事物的档案材料的查找需求。

2．按载体形式划分

按载体形式划分，档案检索工具可分为卡片式、书本式、机读式和缩微式四种。

（1）卡片式检索工具。卡片式检索工具是将一个条目著录于一张卡片，将卡片按一定顺序排列而成的检索工具。其特点是：方便灵活，可根据需要修改和增删。但体积较大，不便于携带与交流，且容易丢失。

（2）书本式检索工具。书本式检索工具是将著录条目连续排列并装订成册的检索工具。其特点是：体积小，便于携带与交流。但不够灵活，不便于修改和增删。

（3）机读式检索工具。机读式检索工具是以特定的编码形式将档案的内容和形式特征存储在计算机存储介质上，由计算机识读的检索工具。其特点是存储密度高，检索速度快、角度多，借助网络还可实现多人异地检索，不受时间和地点的限制，是当前档案检索工具的发展趋势。但是，其前期的数据采集工作量比较大，并需要配备相应的设备，成本比较高，对档案著录标准化要求也比较高。

（4）缩微式检索工具。缩微式检索工具是以缩微摄影方式制作的，以胶片为载体的检索工具。其特点是体积小，储存密度高。但需要配备相应的设备，制作成本比较高。

3．按功能划分

档案检索工具可分为介绍性、馆藏性和查检性三种。

（1）介绍性检索工具。介绍性检索工具是概要介绍和报道档案机构、档案全宗情况的检索工具。例如，专题指南，全宗指南和档案馆指南等。

（2）馆藏性检索工作。馆藏性检索工具是反映档案实体整理体系及其相互关系的检索工具。例如，全宗目录、案卷目录、案卷文件目录和全引目录等。

（3）查检性检索工具。查检性检索工具是脱离档案实体排列顺序，从档案的某一内容或形式特征提供检索途径的检索工具。例如，分类目录、主题目录、专题目录、人名索引、地名索引和文号索引等。

（二）档案检索工具的职能

存储和检索是档案检索工具的两个基本职能，具体情况如下。

1. 存储

存储是把有关档案的特征记录下来，按照一定格式组成条目，成为一条条查找档案的线索，将它们进行科学分析和系统排列，并进行著录、标引、存储起来制成索引的工作。

2. 检索

检索是把制成的索引数据库与档案实体进行比对，按用户要求找出在索引目录中指定的档案实体的工作。

（三）常用检索工具

档案检索工具有许多种，下面主要介绍一些常用的检索工具。

1. 分类卡片

分类卡片是不考虑全宗界限，把案卷或卷内文件的内容和形式特征，采用分类的方法记录在一定格式的卡片上而形成的目录。

分类卡片的特点如下：

（1）由于它是按照档案的内容进行分类的，使同一专题的档案信息集中在一起，很方便地从专题和问题的角度查找档案。

（2）同时由于它突破了全宗界限，这就能使分散在不同全宗的同一专题集中起来，能系统完整地提供档案信息。

所以，它具有系统性和集中性强的特点。

分类卡片的著录格式应根据国家标准《档案著录规则》所推荐的文件级卡片著录格式和案卷级卡片著录格式编制。

2. 专题卡片

当类别名反映的是专题名称时就是专题卡片。它是应用比较普遍的一种检索工具。其特点是以专门题目为对象，不受全宗限制，把全馆资料按专题形式分类集中起来，有利于按专题查找档案。

专题卡片目录的著录项目有专题名称、类、属类、文件题名（标题）、责任者（作者）、文件编号、时间、主题词、附注和档号等。

3．主题卡片

主题卡片是用主题词提示文件或案卷内容，并按照主题词的汉字顺序排列起来的卡片式检索工具。主题卡片目录内容包括分类号、档号、主题词、题名、责任者、时间、保管期限和附注等。

主题卡片的优点如下：

一是专指性和集中性强；二是检索简单，只要翻卡片即可；三是存储在卡片上的信息详细、丰富；四是能把分散在各个全宗的同一主题的档案集中，准确地向利用者提供某一主题的全部档案；五是查找迅速、准确。

4．案卷文件目录

案卷文件目录是以全宗为单位将案卷目录和卷内文件目录相结合按一定次序编排而成的一种档案检索工具。其优点是揭示档案内容和成分比较具体，既可用于查找案卷，又可用于查找卷内文件，并能全面反映库藏档案的数量与内容，编制也比较方便。其缺点是体积比较大，且按档案实体整理顺序编制，问题不够集中，检索途径单一，不便于按专题查找利用档案。

编制案卷文件目录需要做到：首先列出记录案卷特征的有关项目，包括案卷号、案卷题名、起止日期、页数、保管期限等；然后在项目下面列出卷内文件的目录。

5. 案卷（归档文件整理）目录

案卷（归档文件整理）目录是以案卷（文件）为单位，根据档案整理顺序组织起来的、固定案卷（文件）位置，统计库藏案卷（文件）数量的一种管理工具，也是档案馆（室）中一种最基本的检索工具。其缺点是按档案实体整理顺序编制，问题不够集中，检索途径单一，不便于按照专题查找利用档案。

6. 分类目录

分类目录是按照《中国档案分类法》的体系组织起来的以分类号为检索标识的一种档案检索工具。其优点是打破了形成年度、形成机构和全宗的界限，将反映同一类问题的档案信息集中在一起，系统性强，具有较强的检索功能。

目前用于手工检索的分类目录大多采用卡片式目录。其编制步骤如下：

（1）填制卡片。制卡应根据《档案著录规则》的有关规定和档案标引的有关要求进行。可采用一文一卡，一卷一卡，多文一卡，多卷一卡等形式；

（2）排列。排列方式应以《中国档案分类法》为准。不同历史时期的档案应分别排列。具体来说，先按字母顺序排，同一字母的卡片集中排放在一起，然后再逐级按阿拉伯数字的大小排列。

（3）放置指引卡。指引卡是一种上端带有耳状突出物的卡片。使用时，在突出处标明各类目的分类号和类目名称，便于检索者迅速、准确地查到所需档案卡片。

（4）编制分类目录类目索引。类目索引就是将分类目录中的类目名称按字顺排列，并标出相应的分类号，以便于按照字顺查找。

7．主题目录

主题目录是依据《中国档案主题词表》中的主题词字顺序编排而成的一种档案检索工具。优点是能够集中反映同一事物的档案，具有较好的特性检索功能。但因其按字顺排列，系统性比较差。

主题目录的编制步骤是：

（1）确定检索深度。目录的检索深度越深，就能提供越多的检索途径，特别是在计算机检索中，可以得到充分的体现。只要将赋予每个案卷（文件）的主题词录入计算机数据库系统中，就可以任何一个主题词为检索点，查找出反映相关主题的全部档案。

（2）编制条目。编制主题目录的条目应将一个案卷（文件）的主题词按一定顺序著录在卡片上，形成一个条目。

（3）主题目录卡片的排列。一般按照主标题词的字顺排列，包括拼音、部首和笔画等。在相同的主标题词下，再按子标题词的字顺排列。

（4）设置指引卡。主题目录卡片排列完毕之后，除了在每个卡片盒中设置标明该盒全部标题款目首字的综合导卡外，还应在首字不同的标题款目之间设置指引卡。

8．文号索引

文号索引是指明文件编号及相应档号，以一定次序编排而成的一种档案检索工具。文号索引按年度、发文机关分别编制。即将同一年度、同一发文机关的文件集中在一张表内，然后装订成册，就形成了一个年度的文号索引。其形式主要有以下两种。

（1）位置对应式文号索引。用一定的格式确定每一个文号在表格中的位置，然后在该位置上直接填写该份文件的档号。

（2）号码对应式文号索引。即在一张表格中预先打印上文件的编号（00~99），然后在与文件编号对应的空格中填写该份文件的档号。

9. 人名索引

人名索引是将档案内容所涉及的人物特征记录下来，以某种方式集中排列，并指明其出处的一种档案检索工具。

人名索引内容有简单著录和详细著录两种。

（1）人名和档号是简单级人名索引的组成部分。

（2）如需详细反映有关人物的综合情况，也可作详细分级著录。

人名索引可以分为综合性和专题性两种类型。

（1）综合性人名索引。即将馆藏档案中所涉及的全部人名编成索引。主要用于某些特殊门类的档案，如外事档案、人事档案、诉讼档案等。

（2）专题性人名索引。即以档案内容所涉及的某一专题（如任免、奖励、处分等）中的人名为标识编成的索引。

第二节　档案利用工作

档案利用工作是档案工作的根本目的之一。人们之所以开展档案工作，就是要通过档案的收集、整理、保管等工作，积累档案信息资源并为现实工作服务。因此，档案管理工作自始至终都贯穿着为档案利用工作创造条件、打好基础这条主线。

一、档案利用工作概述

档案利用是指以利用者为服务对象，以提供档案馆（室）库藏档案为手段，采取多种形式和方法，开发和提供档案为利用者服务的工作。档案具有特殊的利用价值，而这种价值只有在利用中才能得以体现。因此，档案利用工作是档案工作诸多环节中最具活力的一个环节。

（一）档案利用工作的内容

档案服务利用工作的基本内容有：介绍馆藏档案形式内容；提供各种不同类型的检索工具；分析和预测社会对档案信息的需求特点；开展档案深层次开发；积极向社会提供咨询服务；通过各种方式为利用者提供档案和情报信息等。

（二）档案利用工作的意义

1. 档案利用服务工作是档案工作的根本目的。党和国家花费大量人力、物力建立档案馆和档案室的根本目的，归根结底是提供利用。

档案利用能够检验并促进档案基础工作的开展。在实际工作中，人们总是把档案利用服务工作做得如何，作为衡量档案馆（室）业务工作是否有成绩的主要标志。

2. 档案的大量利用是档案管理效益的实际产出。大量利用档案信息，能够最大限度地减少社会、组织或个人脑力、体力上的重复劳动，这也正是档案价值的根本体现，是档案工作效益的实际产出。

3. 档案利用服务工作能推动整个档案工作的发展。通过档案利用服务工作，可以获得有关档案管理的反馈信息，能够比较客观地发现和了解档案工作各环节的工作质量。

4. 档案利用服务工作是对档案工作最有效的宣传。把收藏的大量档案材料提供给利用者可实现档案的有效利用，进而扩大对社会各方面工作的影响，是对档案工作最有效的宣传方式。

二、档案利用工作的方式

（一）档案的阅览

阅览服务是档案利用工作的主要形式。由于许多档案有特定的利用对象和范围，且往往只有一份，从保密和保护两个方面考虑，档案一般不外借，利用者可到阅览室查看。做好阅览室服务工作应注意以下几点。

1. 阅览室要提供良好的阅读环境

（1）阅览室要做到明亮、安静、清洁，阅览桌、阅览椅、便笺、书写笔一应俱全，坐椅舒适，一般应设置服务台和监护设备等。

（2）可以开辟为利用者服务配套的相关资料室。

（3）资料室的相关出版物，如书籍、报刊、词典、年鉴、手册等工具书，以及档案检索工具等都应及时提供。

2. 阅览室要具备正常的阅读秩序

（1）阅览室应建立、健全必要的规章制度。

（2）制度包括阅览室接待的对象、档案材料的借阅范围和批准手续，阅览室应遵守的各种规章等。

3．阅览室要创造优良的服务条件

阅览室工作人员应做到如下几点要求：

（1）必须具备为阅览者服务的思想。

（2）具有认真负责的工作作风。

（3）熟悉档案的全宗目录。

（4）能认真热情地解答阅览者提出的各种问题，当好阅览者的参谋。

（二）举办档案展览

档案展览是根据某种需要，按照一定主题，展示和介绍档案的内容和成分的一种服务方式，具有用户多、社会影响面大等特点，因而，被视为档案与社会对话的一种形式。

1．档案展览的主要特点

（1）参观的人数量多，服务面广。

（2）展品经过选择，材料比较典型。

（3）能以档案的原始性、真实性和形象鲜明的特点，给观众留下深刻的印象，起到生动的宣传教育作用。

2．档案展览的形式

档案展览从展出时间上划分，有长期展览和短期展览两种，具体现在：

（1）长期展览主要是陈列档案馆（室）保存的有关国家、民族或本地区、本单位历史的珍贵档案文件，有助于人们了解相关档案部门馆藏范围、特点及价值，扩大档案和档案工作的社会影响力。

（2）短期展览是指档案馆（室）为配合某项工作或活动而举办的各种

专题展览，具有较强的针对性和宣传教育功能。

3. 档案展览注意的事项

在举办档案展览的过程中，要做到：

（1）举办档案展览应精心策划，注意档案展览的政治性、科学性与艺术性，综合利用各种形式的档案材料。例如，可在陈列纸质文件的同时，引入多媒体技术和部分实物，图文并茂，声像结合，提高档案展览的视觉效果。

（2）举办展览还应注意对档案的保密与保护。例如，涉密档案一般不展出，特殊情况需要展出时，应控制参观者范围；原件一般不宜直接用于展览，应改用复制件替代等。

（3）要广泛宣传，搞好参观接待，收集反馈信息，不断总结经验。

（三）档案的复制

制发档案复制件服务是指根据档案用户需要，以档案原件或已有的档案副本为依据，通过复制、摘录等手段，向档案用户提供档案复制品的一种服务方式。

制发档案复制本必须履行一定的手续，主要有：

1. 由申请者提出所要复制的档案，并说明复制的要求、份数和用途等。

2. 必须履行一定的批准手续。

3. 档案馆（室）根据自己的设备条件和利用者的要求进行复制。

4. 档案复制本必须和档案原件仔细校对，并在文件空余处或背后注明档案馆（室）的名称、档案原件的编号，必要时加盖公章，以示负责。

（四）档案的外借

外借服务是为满足某些特殊的利用需求，经审核批准，允许用户将档案原件携出馆（室）外使用的一种服务方式。其服务对象主要是本机关领导和相关档案的形成部门。

在进行档案外借的过程中，要注意以下事项：

1. 外借服务，应严格遵守审批手续。

2. 外借时应做好外借登记。

3. 档案外借应严格控制借出数量与借阅时间。

4. 期满未还，应履行催还手续，以便尽快把档案收归入库。

5. 档案借出库外时，应在借出档案的存放位置上放置档案代理卡，说明档案的去向。

6. 档案归还入库后，将该卡取出按档号排序后集中保存。

7. 有复制件的档案，原件一般不外借。

（五）制发档案证明

制发档案证明是依据库藏档案内容，为用户提供某项事实证明材料的一种服务方式，涉及国家、组织和个人的根本利益，是档案利用工作的一项重要工作内容。

制发档案证明的过程如下：

1. 制发档案证明一般应先由利用者提出申请，说明索取档案证明的目的、需要证明的事项及相应的时间、地点等线索。

2. 经领导审查批准后由档案人员根据库藏档案记载的内容出具相关证明。

（六）提供咨询服务

咨询服务是答复用户询问的档案利用方式。提供咨询服务要求档案馆的工作人员以档案为依据，以自己所掌握的业务知识和专业技术知识为基础进行解答，或向利用者提供档案检索途径。

提供咨询服务的内容一般包括事实性询问、知识性询问、政策性询问和情报性询问。

咨询服务的范围主要包括：

1. 解答咨询，即以口头或书面形式答复利用者询问。

2. 指导利用者使用档案检索工具。

3. 为查找档案资料的用户提供档案线索等。

（七）提供数字档案信息服务

1. 数字档案信息服务的来源

数字档案信息主要来源于两个方面。

一是随着电子政务和办公自动化的迅猛发展，各级各类档案部门接收了不少电子文件。这些电子文件成为档案部门数字档案资源的重要组成部分。

二是档案部门为促进档案信息的利用，对部分利用价值较高的库藏档案进行数字化所形成的数字档案，是数字档案资源中的精品。

2. 数字档案信息服务的方式

数字档案信息服务主要采用以下两种方式。

一是网络服务。网络服务即通过计算机和信息网络直接向用户提供数字档案信息的服务，是一种全新的档案服务方式。

二是提供备份。由于数字档案具有可复制、易修改、载体不稳定的特点，一般不宜直接向用户提供档案原件。实际工作中主要采用制作和提供备份的方法来保护原始数据的完整、安全与可读。

第三节　档案编研工作

一、档案编研工作概述

档案编研工作是以库藏档案为主要研究对象，以社会需求为目的，通过对档案中内容的编辑、归纳，形成系统的档案信息加工品，主动、直接地为社会各方面工作服务的一项工作。

档案编研工作的主要内容如下。

（一）编写档案文集和档案专题史料

按照档案文件的某一特征，把档案文件整理汇编成册，供本单位内部使用或用于对外交流及出版。

档案文件汇编和档案史料的内容主要有党政机关的重要文件、政策法规以及开展各项研究所需的档案专题史料。

（二）编史修志，撰写历史文章和专著

在收集整理鉴定库藏档案的过程中，深入研究库藏档案内容，开展与库藏档案有关的学术研究，撰写学术论文与专著。

现在很多地方已将史志部门依托于档案馆，甚至“一套班子”“两块牌子”，合署办公，互相促进，出了很多研究成果，既繁荣了历史文化，

也促进了档案工作的发展。

（三）编写档案参考资料

档案参考资料是对原始档案内容进行加工编写的一种书面材料。一般是根据社会的需要，先拟定一个题目，再集中这方面的档案资料。这些资料不是原始档案的简单复印和堆积，而是经过档案编研人员综合研究、编辑整理加工后编成的档案利用参考资料。其主要形式有：大事记、年鉴、组织沿革、统计数字汇编和专题概要等。

二、档案编研材料的编制方法

档案编研材料的编制主要分为以下几种。

（一）参考资料的编制

档案参考资料是根据一定的研究目的，对相关档案进行综合分析后编写而成的一种档案信息加工品。档案参考资料主要有以下几种类型。

1．组织机构沿革

组织机构沿革，是全面、系统地记载特定地区、系统、单位机构、人员变化情况的一种参考资料。

组织机构沿革的内容大致包括该单位（系统）的概况、机构名称、组织沿革、领导人员变动、搬迁变动、成立、撤销或并改时间、隶属关系、性质和任务等方面的整体情况。

组织机构沿革的体例可以根据不同需要决定，可以采取文字叙述或图表的形式，也可图文并茂。通常体例有两种：一是以时间为主线，先将档案材料按阶段组合，然后在每个阶段下面再分别叙述其内容；二是以题目为主线，先将材料按内容分成若干题目，然后在每个题目下面逐年或逐阶段汇集档案资料并加以叙述。

2．基础数字汇集

基础数字汇集也称数字汇集、统计数字汇集、基本情况统计等，是以数字形式为主反映某一地区或某一方面基本情况的一种档案参考资料。

基础数字汇集的种类很多，具体可分为：从编写形式上可分为图表式、文字叙述式、图表与文字叙述结合式；从编写内容上可分为综合性基础数字汇集和专题性基础数字汇集。

3．专题概要

专题概要是以文章叙述形式概要介绍、说明某个特定题目档案内容的一种档案参考资料。专题概要种类很多，比较常见的有科研成果简介、会议简介和人物简介等。

4．大事记

大事记又称为年表、年谱、大事纪年等，是按照时间顺序编排，简要说明、反映某一重要事务和重大事件的一种档案参考资料。

5．年鉴

年鉴是逐年编纂、年年出版，记录上一年度各种重要信息和数据的大型资料工具书。划分方式有：根据内容收录范围划分，年鉴可分为地方综合年鉴和专题年鉴，专题年鉴还可细分为行业年鉴和企事业单位年鉴等；根据编写方法划分，年鉴又可分为文字记述性年鉴和数字统计性年鉴。

（二）档案史料汇编

档案史料汇编即围绕一个特定的题目，将与之相关的原始档案文献信息按一定的标准排列、汇集起来而形成的出版物。其编制工作具体分为以下几个步骤：

1．选题

在选题过程中，需要注意几点：应充分考虑利用需求和库藏资源情况；以党和政府以及本单位的中心工作和人民群众关注的热点问题为重点；以总结历史经验和教训为立足点；以翔实的档案史料为基础，避免空洞无物、编而无用。

2．选材

在选材的同时，也要注意应广泛搜集与题目有关的档案材料，并对其进行分析和研究，从中筛选出符合选题要求、真实可靠、有较高利用价值的档案史料作为汇编对象。

3．加工

在认真研究、仔细校勘入选档案资料的基础上对档案信息进行必要的加工。主要包括历史文件的标点、分段，文字语句的校正、恢复，标题的修改及拟写等。

4．分类与排列

为便于读者查找及利用档案信息，应对收入汇编的档案史料进行科学分类与排列，系统反映选题内容。

5．编制辅文

辅文内容主要包括：序言、编辑说明、注释、按语、目录、索引、插图、年表、备考等。

（三）重要文件汇编

重要文件汇编即把关于党和国家的方针政策以及法律、法规和指导性文件汇编成册，供各方面工作查考与利用。具体编制方法如下。

1. 确定收录范围

收录范围可以是上级机关文件，也可以是本机关形成的文件，但必须是有查考利用价值、需贯彻执行的重要文件。

2. 分类及排序

重要文件汇编一般可直接利用原文的重复件或复制件。编研工作的重点应放在对文件的科学分类和排列上。文件的分类和排列应保持文件之间的历史联系，方便查找与利用。

第六章　科学技术档案、人事档案、会计档案的管理

人类社会实践活动的丰富性决定了档案种类的多样性。按其载体形式分，有文字、图片、声像等档案材料；按其内容分，有科技、商务、经贸、政务、人事、会计、司法等档案材料。不同载体形式和不同内容的档案的管理，具有不同的特点。本章按档案内容举其要者，简要介绍科技档案、人事档案、会计档案的管理。

第一节　科学技术档案的管理

一、科学技术档案的定义与作用

科学技术档案（以下简称科技档案）是在科技生产活动过程中直接形成的归档保存的科技文件材料。科技档案的种类主要有科学技术研究档案、生产技术档案、基本建设档案、设备仪器档案、地质档案、测绘档案、气象档案、天文档案、水文档案、地震档案、环境保护档案和医疗卫生档案等。

科技档案是潜在的生产力，经过开发利用，可以转化为现实的生产力。科技档案在社会实践活动中的具体作用体现在以下几个方面。

（一）科技档案是积累科技经验，进行科技储备的重要手段

科技图书、科技情报等均记载了人们的科技思想、科技方法、科技成果和科技经验，但是只有科技档案是科技生产活动的直接记录和实际反映，这就使科技档案拥有科技储备的作用。

（二）科技档案是科技管理和生产建设活动的依据

科学管理是促进生产力发展的重要因素，社会化生产离不开科学管理，而科学管理又必须以完整、准确的科技档案为依据。同样，科技生产活动中前一阶段形成的科技档案，又为后一阶段的科技生产活动提供依据和凭证。

（三）科技档案是科研和设计工作的必要条件

科学技术研究和设计工作，都具有一定的继承性，都需要有大量的充分可靠的材料作为参考，吸取和借鉴已有的科技成果，能开阔眼界，少走弯路，避免不必要的重复劳动，提高科研和设计工作的效率和水平。

（四）科技档案是进行科技交流的工具

交流科技信息，是促进科技发展的重要手段之一。现代科学技术发展快，难度大，渗透性强，相邻领域或专题项目之间协同发展的趋势日益明显。这就要求科技工作要进行广泛的社会协作和及时的技术传递、学术交流。科技档案作为科技信息的重要信息源，成为科技交流的工具。

二、科技档案的收集

科技档案收集工作，包括基层科技档案部门的收集工作和科技专业档案馆的收集工作。科技档案的收集工作，是科技档案工作的基础，是丰富

科技档案馆（室）藏的重要手段，是贯彻科技档案工作集中统一管理原则的重要措施。

（一）基层科技档案部门的收集工作

1. 按归档制度接收科技文件材料归档

归档制度是科技业务部门进行科技文件材料归档的依据，是科技档案部门协助、指导、监督科技业务部门做好归档工作的依据，按照归档制度接收科技文件材料归档也是科技档案部门收集科技档案的主要要求。

2. 疏通和确定科技档案收集渠道

为了保证档案收集工作的质量，科技档案部门要明确具体的收集渠道，通过确定归档责任单位和责任人，切实保证收集渠道的畅通，实行定向、定内容收集。

3. 抓住重要环节和关键阶段

科技档案是科技生产活动的伴生物。科技生产活动是按一定的程序进行的，科技档案也就按一定的工作阶段有规律地形成。掌握科技档案的形成规律，抓住重要环节和关键阶段进行档案收集，有利于保证收集质量。

4. 做好收集工作的几个“结合”

做好科技档案收集工作需要注意几个方面的“结合”：应该与科技生产活动的计划管理相结合，接收归档与现场收集相结合，随时收集与集中收集相结合，对内收集和对外收集相结合。

（二）科技专业档案馆的收集工作

科技专业档案馆是需要永久保存的科技档案的储备中心和交流中心。科技专业档案馆收集科技档案时应注意：

1. 做好收集准备工作

认真调查研究，拟定切实可行的收集方案。

2. 实行相关单位主送制和无偿进馆制度

科技档案是国家的科技文化财富，应实行无偿进馆制。为了避免档案的大量重复，不采取普通接收进馆制度，而实行相关单位主送制。

3. 建立、健全科技档案补送制

当进馆档案所反映的项目有重大更改时，原移交单位要向科技专业档案馆补送相关的科技档案。

4. 进馆档案要经过严格的检查验收，办理交接手续

档案进馆时，应根据移交清册逐项、逐卷、逐件、逐页核查，且交接双方要在移交清册和验收记录上签字。

三、科技档案的整理

科技档案的整理工作是科技档案业务建设的中心环节。通过科学地整理，才能检验收集工作的质量，实现科技档案的条理化、系统化，为科技档案的鉴定、保管、统计和利用提供条件。

（一）科技档案的分类方法

科技档案的分类，就是根据科技档案的性质、内容、特点和相互之间的联系，把科技档案分成一定的类别，从而形成一个具有一定从属关系和平行关系的系统。

科技档案最基本的分类方法有以下六种：

1．工程项目分类法

工程项目分类法就是以工程项目为分类单元，对科技档案进行分类。该分类法适用于建设单位的各种基本建设工程档案的分类，也适用于工程设计单位对工程设计档案的分类和城市建设档案馆对城市建设档案的分类。

2．型号分类法

型号分类法就是以产品或设备的型号为分类单元，对科技档案进行分类。该分类法适用于产品档案和设备档案的分类。

3．课题分类法

课题分类法就是以各个独立的科学技术研究课题为分类单元，对科技档案进行分类。该分类法适用于科学研究档案的分类。

4．专业分类法

专业分类法就是按照科技档案内容所反映的专业性质，对科技档案进行分类。该分类法适用于工程设计中的标准设计档案和通用设计档案的分类，也适用于组成部分通用性、互换性强的电子元器件的产品档案和工艺装备档案的分类。

5．地域分类法

地域分类法就是按照科技档案内容所反映的地域特征，对科技档案进行分类。该分类法适用于水利、地质、测绘等部门科技档案的分类。

6．时间分类法

时间分类法就是按照科技档案内容所反映的时间特征，对科技档案进行分类。该分类法适用于气象、天文、水文等时间性很强的科技档案的分类。

以上六种基本分类方法，在实际工作中，一般要结合其他特征灵活运用。例如，设备档案的分类，可采用使用性质—型号分类法或工序—型号分类法；科学研究档案的分类，可采用专业—课题分类法；基本建设档案的分类，可采用使用性质—工程项目分类法、流域（水系）—工程项目分类法或专业—工程项目分类法；机械产品档案的分类，可采用品种—型号分类法；服装产品档案的分类，可采用号型系列—品种分类法；等等。

（二）组织保管单位

保管单位是一组有机联系的、价值大体相同的科技文件的集合体。

组织保管单位，就是将一组有机联系的科技文件组织在一起，又称为组卷或立卷。

1. 组织保管单位的要求

（1）保管单位是一组有机联系的科技文件。因此，组织保管单位时，要遵循科技文件的自然规律，考虑科技文件成套性的特点。

（2）保管单位内科技文件的保存价值应该大体相同。因此，如果保存价值或机密等级不同，在保持其内在联系的前提下，可以适当地分别组织保管单位。如果不分别组织保管单位，在确定保管期限和机密等级时，必须遵循保存价值小的服从保存价值大的，密级低的服从密级高的原则。

（3）保管单位内科技文件的数量要适当，力求整齐、美观。一套科技文件，视其数量可以组成一个或若干个保管单位。保管单位的厚度，以100张A4基本图幅的图纸为宜，其上下伸缩幅度可在50张左右。

2. 组织保管单位的方法

（1）按结构组织保管单位。即按产品的组件或部件，按建筑工程项目的单项工程或各项单项工程的专业结构，将有关的图纸、文件组成保管单位。这种方法适用于机械产品或基本建设工程科技文件保管单位。

（2）按工序组织保管单位。即按生产程序或工作阶段来组织保管单位。这种方法适用于工艺文件或某些科学技术研究专题保管单位。

（3）按专业组织保管单位。即按科技文件内容所反映的专业性质来组织保管单位。这种方法适用于生产技术、基本建设、科学研究、地质、水文、气象等方面的科技文件保管单位。

（4）按问题组织保管单位。即按科技文件内容所反映的不同问题，分别组织保管单位。

（5）按文件名称或文件性质组织保管单位。按文件名称组织保管单位，即按设计任务书、计算书、说明书、工程预算等不同名称，分别组织保管单位。按材料性质组织保管单位，即按综合性材料、成果性文件、原始记录性文件等不同性质，分别组织保管单位。

（6）按地区组织保管单位。即把在内容上反映同一地区的科技文件组织在一起。这种方法适用于气象、水文、地质等材料保管单位。

（7）按时间组织保管单位。即按科技文件材料所反映的时间或形成的时间，分别组织保管单位。这种方法适用于水文、气象、天文、地震等观测保管单位。

（8）按作者组织保管单位。“作者”包括个人作者、集体作者或机构。

3. 保管单位内科技文件的排列

（1）图样材料的排列。许多图样材料在形成时，就已经编制了图样目录，因此，可以按目录进行排列。如果没有图样目录，可以按以下方法排列：①按结构关系排列。这种方法适用于机械产品和建筑工程图样材料的排列。例如，产品图样可以按照总图—组件图—部件图—零件图的顺序排列；工程图样可以按照总平面图—系统图—平面图（或立面、剖面图）—大样图等顺序排列。对于按结构编号法进行编号的科技文件材料，可以按图号进行排列。②按比例进行排列。这种方法主要适用于大地和地形测绘、测量图样材料的排列。③按地区排列。这种方法适用于地质勘探、地震观测和地形测绘图样材料的排列。④按时间排列。这种方法适用于水文、气象等自然现象观测图样材料的排列。

（2）文字材料的排列。①按重要程度排列。例如，采用成果材料—原始记录—中间性材料的次序进行排列。②按时间排列。即按文件形成时间或文件内容所反映的时间顺序排列。③按地区排列。即按文件内容所反映的地区特征进行排列。④按文件之间的逻辑关系排列。例如，来文在前，复文排后；主件在前，附件排后；正本在前，原稿排后。

（3）图文混合材料的排列。保管单位既有图样材料，又有文字材料时，可按文字材料在前，图样材料排后的顺序排列。

（三）编制科技档案号

科技档案号是指科技档案保管单位的编号。科技档案号由代字和代号组成。代字使用汉字或汉语拼音字母，代号使用阿拉伯数字。在一个档案部门内，每一个科技档案号只能有一种含义。

科技档案号的编制主要有以下两个步骤：

第一步，编制同科技档案分类有关的代字、代号表，也就是编制科技档案类与属类的代字、代号。代字，一般用汉语拼音字母表示。它有两种形式：其一是以科技档案的类或属类名称的第一个汉字的汉语拼音声母，作为该类或属类科技档案的代字，如以“C”代表“产品档案”。若一种以上科技档案名称的第一个汉字的汉语拼音声母相同，则可以选用科技档案种类名称的第二个汉字或其他具有代表性含义的汉字的汉语拼音声母作为代字，如若以“C”代表“产品档案”则以“H”代表“测绘档案”。其二是选用科技档案种类名称的两个汉字的汉语拼音声母作为代字，如以“CP”代表“产品档案”，以“CH”代表“测绘档案”。

科技档案的类与属类也可以用自然排序的英文字母（如A、B、C、D等）或阿拉伯数字（如1、2、3、4等）作为代号。

第二步，编制科技档案号。

科技档案号的基本模式是：科技档案号=分类号+保管单位顺序号。

四、科技档案的开发服务工作

科技档案是一种重要的科技信息资源，大力开发科技档案信息资源，为现代化建设服务，是档案部门的一项光荣而艰巨的任务。

科技档案提供服务的方式主要有以下几种。

（一）科技档案借阅

科技档案借阅是科技档案提供服务的基本方式，包括内部借阅和外部借阅两种。内部借阅，是指本单位科技人员借阅档案，其形式分为阅览和借出两种。外部借阅是指外单位借阅科技档案，这种方式属于科技交流性质，主要是查询阅览，不能借出。利用者必须持本单位的介绍信，经科技档案持有单位批准后，方可借阅。

（二）复制供应

复制供应是指通过提供静电复印件，晒印蓝图、缩微胶卷和胶片复制材料为用户服务。包括对内复制供应和对外复制供应两种。复制供应是科技档案提供服务中的重要方式。

（三）科技咨询

科技咨询是指档案工作人员以库藏科技档案为依据，解答用户提出的有关科技方面的问题。科技咨询包括内部咨询和外部咨询两种。这是科技档案提供服务工作中较高层次的方式。

（四）印发目录

印发科技档案目录，包括内部印发和外部交流。各专业系统或地区可以建立科技档案目录交流中心，以促进科技档案信息的交流和传递。

（五）整编出版

科技档案整编出版工作一般有两种：一种是通过研究科技档案的内容，编辑各种形式的参考资料，满足利用者的需要；另一种是科技成果档案的整编出版发行工作，如地质成果的整编出版发行。

科技档案是国家的财富，开发科技档案信息资源，实行科技交流，可以避免大量的重复劳动，促进科学技术的发展。但是，在科技交流中一味地实行无偿交流，将不利于调动各单位的积极性。因此，对科技档案实行有偿交流、合理收费，有助于开发信息资源，服务社会主义现代化建设。

第二节　人事档案的管理

人事档案管理是我国档案管理的重要组成部分。人事档案以干部档案为重点，因此，本节依据中共中央组织部、国家档案局1990年修订的《干部档案工作条例》和中共中央组织部1991年制订的《干部档案整理工作细则》的有关规定，介绍人事档案的管理。

一、人事档案的定义与作用

人事档案是组织人事等有关部门，按照党的政策，在培养、选拔和任用干部、职工等工作中，形成的记载员工个人经历和德才表现，以个人为单位归档保存的文件材料。

人事档案是立档单位全宗的一部分，其作用主要体现在以下几个方面。

（一）人事档案是了解员工的重要途径

人事档案是员工个人经历、德才表现的真实记录，通过查阅人事档案，既可以掌握员工的现实表现，又可以了解员工的历史情况。

（二）人事档案是选拔、培养人才的重要依据

知识经济时代，人才成为第一资源。政治思想好，业务水平高，创新能力强的人才将成为推动事业发展的核心力量。因此，科学地选拔人才，合理地培养人才，是社会主义现代化建设事业的保证。而人事档案可为选

拔、培养人才提供重要的依据。

（三）人事档案是编史修志的宝贵资料

人事档案范围广、内容多、数量大，具有很高的史料价值，对于研究历史人物、历史事件和编史修志，均能提供重要的线索和素材。

二、人事档案的收集与鉴别

（一）人事档案的收集

为了做好收集工作，满足人事工作的需要，各级党和国家机关、人民团体、企事业单位的有关部门应该着重抓好以下几方面的工作。

1. 建立健全人事档案的收集制度

首先，建立主动送交人事档案归档的工作制度；其次，建立定期的清理制度，即通过对人事档案定期清理核对，了解人事档案的状况；最后，建立定期补充制度，人事档案管理部门应该定期与有关部门加强联系，将人事档案中缺少的材料或者新产生的人事档案材料收集归档。

2. 明确收集渠道

人事档案的主要收集渠道有：

（1）通过组织、人事部门收集履历材料，收集鉴定、考核、考察、任免、聘用、工资、退（离）休、退职、学历、评聘专业技术职务等方面的材料。

（2）通过党、团组织和政府机关收集参加中国共产党、共青团等方面的材料。

（3）通过干部审查部门或落实政策部门收集政治历史情况的审查材料。

（4）通过党的纪律检查部门、行政监察部门、司法和检察部门等收集有关处分材料。

（5）通过科技、业务部门收集有关奖励材料。

（6）通过部队政治部门、人民武装部门和民政部门收集有关军人档案材料，以及复员军人和地方干部兼任部队职务等方面的材料。

（7）通过各种教学单位或培训部门收集学历、学位、学习成绩、思想表现等方面的材料。

（二）人事档案的鉴别

对于已经收集的人事档案，必须鉴别其真伪和价值，这是开展系统整理工作的前提，也是确保人事档案精练、真实的重要手段。

1. 鉴别的内容

（1）属性鉴别。干部、职工在学习工作中形成的材料很多，但并不一定都是人事档案，这就需要做好文件材料属性鉴别工作。

（2）真实性鉴别。鉴别档案内容，确保人事档案的真实、可靠。要防止不是本人的档案材料混入档案内。这就要求注意辨别同姓同名或异姓同名或一人多名等情况。同时，要注意只有处理完毕的文件才能归入人事档案。例如，涉及干部政治历史问题或其他重要问题的材料，需要查清楚才能归档，未查清楚的材料，应转交有关部门审查处理。

（3）完整性鉴别。主要内容包括：其一是每份材料完整性鉴别。对文件材料的头尾、来源、时间、页码、印章均要认真核查。其二是材料的系列的完整性鉴别。例如，政审材料应该包括结论、证明材料、本人交代、处分决定等。

（4）手续鉴别。依据国家有关规定，归入人事档案的文件必须手续完备，要认真履行登记、审查、批准的手续。手续不完备不能归档。

2．建立严格的鉴别制度

各单位应该按照中央组织部的有关规定，制定本单位鉴别工作细则，对于文件归入人事档案或从人事档案中撤出材料，都应当履行登记手续，由专人负责。

3．妥善处理不应归档的材料

经鉴别确定不应归档的材料，应妥善处理。具体方法如下：

（1）转。经鉴别属于党政、军、群众团体的材料，填写“转递人事档案材料通知单”，分送有关单位。

（2）退。不符合要求的档案材料，退给有关单位或个人，属于应由本人保管的材料，退还给本人。

（3）销。没有保存价值的材料，造具销毁清册，报主管领导部门批准后，予以销毁。

三、人事档案的整理

根据中共中央组织部印发的《干部档案工作条例》和《干部档案整理工作细则》的规定，整理人事档案要做到：认真鉴别，分类准确，编排有序，目录清楚，装订整齐。通过整理使每份人事档案达到完整、真实、条理、精练、实用的要求。

（一）人事档案的分类

人事档案分为正本和副本。人事档案正本，按内容和性质可分为10类：

（1）履历材料。

（2）自传材料。

（3）鉴定、考核、考察材料。

（4）学历和评聘专业技术职务材料（包括学历、学位、学籍、培训结业成绩和评聘专业技术职务、考绩、审批材料）。

（5）政治历史情况的审查材料（包括甄别、复查材料和依据材料，党籍、参加工作时间等问题的审查材料）。

（6）参加中国共产党、共青团及民主党派的材料。

（7）奖励材料（包括科学技术和业务奖励、英雄模范先进事迹）。

（8）处分材料（包括甄别、复查材料，免予处分的处理意见）。

（9）录用、任免、聘用、转业、工资、待遇、出国、退（离）休、退（离）职材料及各种代表会代表登记等材料。

（10）其他可供组织上参考的材料。

人事档案副本是人事档案正本重要材料的复制件，由以上1、3、4、5、7、8、9类的主要材料的重复件或复制件构成。

（二）类内文件的排列

人事档案经过分类以后，应按照一定的次序进行排列，使之有序化，以利于保管和利用。人事档案材料首先按已确定的10类进行排列，然后在每个类别内按以下方法排列：

（1）按时间顺序排列。即按文件形成时间顺序排列。

（2）按问题排列。即按文件内容所揭示的问题顺序排列。

（3）按重要程度排列。即按文件材料内容的主次关系顺序排列。

（三）目录登记

人事档案文件材料经过系统排列之后，要通过目录的形式固定排列次序，提供查找信息，为统计、保管、利用工作服务。

正、副本目录登记时，要在类与类之间留空，以利于增加新材料。

四、人事档案的利用

人事档案的利用工作，必须遵循《干部档案工作条例》和中共中央组织部的其他有关规定，具体包括以下内容。

（1）查阅人事档案，必须按有关规定办理审批手续；外调介绍信，不能作为查阅凭证。

（2）借出人事档案，经批准后必须认真进行登记，并限期归还。

（3）人事档案用户，必须严格遵守保密制度，确保档案安全。

（4）任何个人不得查阅或借用本人及直系亲属的档案。

（5）用户复制档案必须报有关部门审批。

第三节　会计档案的管理

一、会计档案的定义与作用

会计档案是指会计凭证、会计账簿和会计报表等会计核算专业材料，它是记录和反映经济业务的重要史料和证据。

由会计档案的定义可知，会计档案主要包括会计凭证、会计账簿、会计报表三种形式。其中，会计凭证是经济业务的证明材料，是登记账的主要依据；会计账簿是以会计凭证为依据，全面系统地记录经济业务状况的账册；会计报表是对会计账簿加以归类、分析、综合而成的报告文件，用来综合反映立档单位某一时期的经济业务状况和财务收支情况。

会计档案在社会主义经济建设中具有重要作用，具体体现在三个方面：

（1）会计档案是经济业务的书面证明。

（2）会计档案是进行会计分析和会计检查的主要依据。

（3）会计档案是研究生产经营和事业管理规律的重要史料。

二、会计档案的收集

《会计档案管理办法》规定，各单位每年形成的会计档案，都应当由财务部门按照归档的要求，负责整理立卷或汇集成册。当年或本会计期间内形成的会计档案，在会计年度终了后，可暂由本单位财务会计部门保管一年。期满之后，原则上应由财务会计部门编造清册交本单位的档案部门保管。

做好会计档案的收集工作，应当明确两个问题。

（1）档案部门必须协助、指导财务会计部门做好会计档案的立卷工作。

（2）明确会计档案的归档范围。

依据《会计档案管理办法》，会计档案应该包括预算会计（各级财政机关的总预算会计，各级机关、团体和事业单位的单位预算会计，各级税务机关的税收会计）、建设银行会计、企业会计和建设单位会计（国营企业会计和建设单位会计）所形成的会计凭证、账簿和会计报表等材料。各级财政预算、会计制度等材料，不归入会计档案。

三、会计档案的整理与鉴定

（一）会计档案的整理

1. 会计档案的分类

在实际工作中，会计档案的分类主要有以下几种方法：（1）年度—形式—保管期限分类法。即首先按年度对会计档案分类，再在年度内按凭证、账簿、报表三种形式分类，然后按保管期限组卷。这种方法适合于单位预算会计。（2）年度—保管期限—组织机构—形式分类法。即先按年度对会计档案分类，再将某年度的材料按保管期限分类，继而再按组织机构分开，然后在每个组织机构内按凭证、账簿、报表分别组卷。这种方法适合于总预算会计。（3）年度—会计类型—形式分类法。即先按年度划分会计档案，再按税收计划、税收会计、税收统计等会计类型划分类别，然后按凭证、账簿、报表分别组卷。这种方法适合于税收会计。

2. 会计档案案卷的排列与编号

会计档案案卷的排列和编号可采用以下几种方法：

（1）保管期限—形式—年度。

（2）形式—保管期限—年度。

（二）会计档案的鉴定

会计档案的保管期限可以分为永久和定期两种。划分保管期限可以依据《会计档案管理办法》的三个附件的有关规定执行。会计凭证，大多数不需要永久保存，大约保存10~15年即可；对于涉及外事和对私改造的会计档案应当永久保存；有些需要适当延长保管期限的会计凭证，可以单独组卷。会计账簿，一般不需要永久保存，对于那些经济业务的主要账簿，可以适当延长保管期限，如税收日记账（总账）和税收票证分类出纳账目的保管期限可以定为25年。会计报表，会计月、季度报表一般保存3~5年，如果无年度报表或年度报表过于简略，月、季度报表的保管期限可以适当延长；年度报表是会计档案中最重要的组成部分，应当永久保存。

会计档案的销毁，必须经过有关部门审查、批准后方可执行。销毁会计档案时，应由档案部门和财会部门共同派员监销。各级主管部门销毁会计档案时，还应该由同级财政部门、审计部门派员监销。各级财政部门销毁会计档案时，由同级审计机关派员参加监销。

四、会计档案的利用

会计档案可以为国家经济建设的计划与决策、管理与监督提供可靠的依据。因此，必须积极、主动地开展会计档案的利用工作，充分发挥会计档案的作用。会计档案的提供利用，应该着重抓好以下两方面的服务工作。

（一）为会计检查提供依据

会计检查是指检查企、事业单位和机关的经济活动和财务收支情况，用以查明事实、弄清责任、实行监督。会计检查一方面要检查会计档案所反映的经济业务是否合法，是否符合有关政策和规定；另一方面要核查会计档案的真实性。

（二）为会计分析提供条件

会计分析是经济活动分析的重要组成部分。会计分析首先必须占有大量的信息资料，而会计档案可以为会计分析提供真实、丰富的数据，为抓住问题、查明原因和分析状况提供条件。

参考文献

[1] 胡双宝，汪景寿．实用公文写作教程．北京大学出版社，1997．

[2] 赵映诚．实用图书学．兰州大学出版社，1997．

[3] 韩英．现代图书学．青岛出版社，2002．

[4] 赵国俊．公文处理基础．中国城市出版社，2002．

[5] 费文升．图书撰拟与处理．合肥工业大学出版社，2005．

[6] 赵映诚．图书与档案管理．高等教育出版社，2013．

[7] 文杰．办公室文秘工作标准．蓝天出版社，2004．

[8] 陆予圻，朱小怡，范明辉．秘书文档管理．复旦大学出版社，2005．

[9] 潘春胜．图书与档案管理．中国财政经济出版社，2005．

[10] 王云庆，苗壮．现代档案管理学．青岛出版社，2002．

[11] 周连宽．档案管理法．档案出版社，1996．

[12] 黄志康．新编图书与档案管理教程．湖南科学技术出版社，2007．

[13] 丁栋轩，刘海平．图书档案管理基础．科学普及出版社，2007．

[14] 刘家真．档案管理实务．中国广播电视出版社，2014．

[15] 俞笑春．图书与档案管理基础．中国财政经济出版社，2011．

[16] 马永飞．图书与档案管理基础．高等教育出版社，2014.

[17] 曾湘宦．图书与档案管理基础．北京工业大学出版社，2006.

[18] 张虹，姬瑞环．档案管理基础．中国人民大学出版社，2014.

[19] 缪惠．信息工作与档案管理．合肥工业大学出版社，2005.

[20] 王立维，陈武英．档案管理学简明教程．浙江大学出版社，2004.

[21] 刘家真．电子文件管理理论与实践．科学出版社，2003.

[22] 薛四新．现代档案管理基础．机械工业出版社，2014.

[23] 陈永成．专门档案管理．海峡文艺出版社，2013.

[24] 杨霞．现代文件管理．中国档案出版社，2013.

[25] 金波．档案保护技术学．高等教育出版社，2000.

[26] 赵泽茂，朱芳．信息安全技术．电子科技大学出版社，2009.

[27] 冯惠玲．电子文件风险管理．中国人民大学出版社，2008.

[28] 刘家真．电子文件管理之电子文件与证据保留．科学出版社，2009.